香港城市大學中文及歷史學系
創系十週年叢書 01

郢之未拔

發掘一座長江巨都的生死日常

沈德瑋 著

中華書局

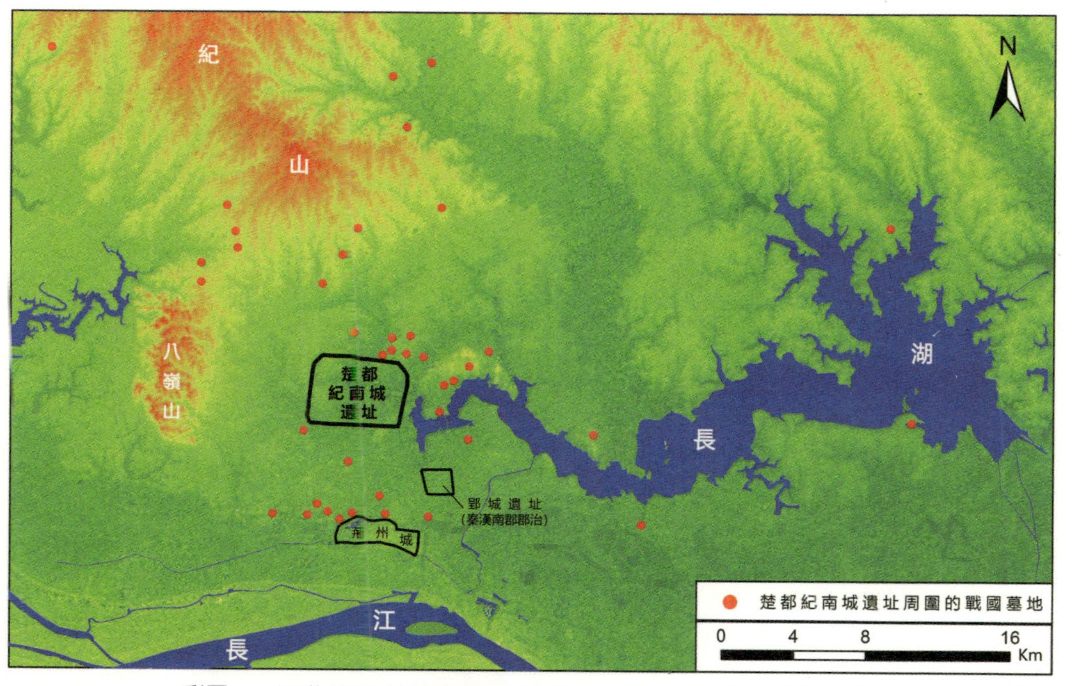

彩圖一：江漢平原局部與楚都紀南城遺址（沈德瑋繪製、武昊底圖）

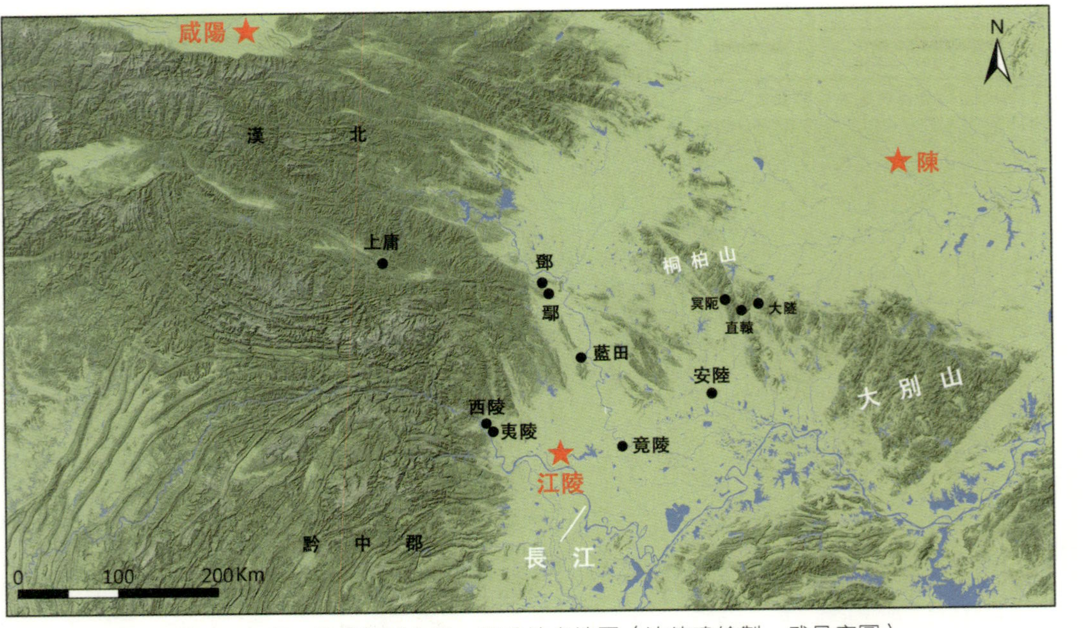

彩圖二：秦、楚「鄢郢之戰」部分地名地圖（沈德瑋繪製、武昊底圖）

彩圖三：全國重點文物保護單位楚紀南故城立碑

（作者攝於 2023 年 5 月）

彩圖四：荆門包山二號墓出土的彩繪漆木人物車馬出行圖圓匳（湖北省博物館供圖）

彩圖五：荊門包山二號墓出土的漆木折疊床（湖北省博物館供圖）

彩圖六：荊州紀南城遺址南郊紅光村出土的戰國彩繪編磬
（湖北省博物館供圖）

香港城市大學中文及歷史學系
創系十週年叢書總序

客人來訪，都說香港城市大學方便，以其連接交通樞紐，毗鄰購物商場。商場被學生戲稱為「白區」，從白區穿越時光隧道，通過紅門，進入紫綠藍黃紅區，便是大學。的確，校園商場，幾近無縫接軌，大學在城市之中，城市也在大學之內。在大學的某個角落，有一個「中文及歷史學系」，師生們也在埋首研究和書寫城市。中文及歷史學系由創系系主任李孝悌教授建立之初，即以中國口岸城市研究為主要發展方向。光陰荏苒，轉眼十年，是時候交些功課，本輯「創系十週年叢書」，即立意於此。

我們去年年末邀請一些同仁為叢書撰著，今秋陸續收成，發現大家竟不謀而合地皆論及或立足於城市，且古今相投，前後呼應。古代方面，有兩千多年前的楚都紀南城（沈德瑋），千多年前的長安與上黨（呂家慧）、寧波和日本福岡與奈良（李怡文）。近代方面，有兩本不約而同地以十九至二十世紀的香港為主題（程美寶、陳學然），但一旦講到香港，便不得不論及鄰近城市。有兩本分別追溯蕭紅在哈爾濱和上海（劉東）、饒宗頤在新加坡（楊斌）的人生軌跡，但這兩位主角最終都魂歸香港。二十、二十一世紀之交，人類學家（曹南來）遠赴巴黎、羅馬，尋覓的卻是溫州的身影。即便是文學創作，兩位作家（馬家輝、陳志堅）既生於斯長於斯，自然亦從香港出發，或在九龍碰上李小龍，或到上海尋覓魯迅。

倘若讀者覺得老師們的文筆太老氣橫秋，不妨來點「小清新」，讀讀城大本科生的文學創作——特別感謝潘步釗博士和陳志堅博士兩位中學校長為本系開設文學課程，給學生悉心指導，並多年擔任本系主辦的「城市文學獎」顧問和評判。二人合編《城市微縮》，收入本系和城大其他學系本科和碩士生的散文作品，他們對同學的讚許和鼓勵，想必比本校老師更為中肯。同時要感謝的，是本系同事范家偉，他編輯《鑽燧薪傳》，收入多年來碩博士在讀和畢業生的學術論文，邀請校外人士評審，敦促同學改進，一如既往地為學系的研究生教育嚴格把關。

同事們平日在辦公室大部分時間都埋首書齋，即便在走廊碰面，也只是匆匆點頭問好，隨即返回自己的天地，所謂君子之交是也。師生在課室相見，花開花落，又是一個畢業季，又是一個開學日，都未必記得彼此的名字。同事師生間的相識與相遇，儼如城市行人擦身而過，份屬隨緣。猶幸的是，「叢書」將接近五十位作者和編者通過文字和出版聯繫在一起，有史學有文學，由考古學到人類學，自戰國時代至二十一世紀，給讀者呈獻一趟歷經古今中外數十個城市的超時空之旅。各部作品體例不同，寫作風格有異，但都不會因為篇幅短小便顯得內容膚淺，而是盡量做到言之有物。讀者若能從叢書序號 1 讀起，一本一本讀到第 12 號，浸沉在昔日都城的繁華盛世，看到它們煙飛灰滅或今不如昔，則對自身有生之年所目睹的城市興衰，不會感到不解或感傷。最後讀到年輕人的寫作，聆聽他們對城市的觀察與隨想，理解他們在微縮的時空裏，如何把文字化作一道掌風，對抗遺忘，最終夢遊至那「不存在的城」，也許便是希望所在，亦算是我們出版本叢書的一個不經意的成果。

程美寶、陳學然 謹識

2024 年秋冬之際，深水埗與九龍塘之間

目錄

自　序

這本小書可以算作七年前第一次到湖北荊州訪查楚故都紀南城遺址至今個人思考與研究的一點小結。

在若干回走訪紀南城的經歷中，2018 年 5 月 20 日是頗為特別的一次。那天下午，我從紀南城西半部新橋村一條不知名的小路出發，打算橫穿城址，沉浸式了解包括楚王宮殿區在內的幾處重要遺跡。要從此處抵達城東頭，只能經由最南邊的楚都水門遺址附近的一道小橋，跨過新橋河才行。於是我腳下的景觀，從剛開始時堅硬的水泥馬路，逐漸變成分岔出去的鄉村土路，等到最後回過神時，已廁身在稻田田壟上狹窄的小徑之間了。碰巧頭天剛下過大雨，地表泥濘不堪，一腳下去能帶起半腳灰泥。很快地，我便陷於進退兩難的境地。來之前用高德地圖和谷歌地球從天空中精心規劃過的路線，在真實的地表狀況面前都化作笑談。離我不遠處有幾位穿着橡膠雨靴的老農，此刻正在水田裏若無其事地插秧。南方空氣中的潮濕和泥土的腥味混合着周遭僨張的綠意，錯綜的岔道蔓延消失於搖擺的雜木之中。前方殘缺的南城垣突然奪道而出，其夯土斷面鮮亮的黃褐色橫亙在了眼前——這個瞬間讓我意識到，紀南城遺址實在是一個異常複雜深邃的構造。這種複雜性倒不首先地在於它是一座往昔大國的都城，或因此它與戰國歷史的深度糾纏——歷史話語所建構的符號層面的複雜性毋寧說只是抽象的，甚至是抽離的——我所體會到的複雜性，是紀南城在傳統歷史話語之外作為物的實體的質感，是它在被人群使用、生活的過程中形成的盤根錯節的富饒而具體的存在。

正是在這樣的認知（或說想像）之下，我希望藉由這本小書重新思考應該如何理解紀南城幾十年考古發現的碎片。

與此對應的，本書嘗試的「城市傳記」的寫法，是有意要在展開對紀南城這座長江巨都的敘事過程中，打撈起一些短暫的、雖談不上宏大但也絕非沒有意義的情節，以此看見都城內外那些曾被「長時段」視角的洪水所沖走的速生速滅的人群的「活法」。但這並不意味着本書在考古學材料的運用上有所遷就或鬆懈。恰恰相反，本書提出了一些自認為在以往紀南城考古上未受重視或被忽略的重要議題，比如第二章對「製作主體」、第三章對「普通人」、第四章對「城郊」和第五章對「拔郢必然論」的討論，等等。顯然，本書一些新的提法更多是拋磚引玉，筆者並不認為自己已經有了完美的答案。

在對紀南城遺址的研究過程中，筆者一直得到湖北省文物考古研究院方勤院長、羅運兵副院長，湖北省博物館王紀潮和曾攀主任，荊州博物館楊開勇館長、李亮副館長，以及熊家冢遺址博物館田勇館長的大力支持和慷慨幫助，謹此致以特別的感謝。湖北省文物考古研究院楚文化研究所聞磊所長曾親自帶筆者考察紀南城的核心區，參觀考古工作站，並在過去數年間不厭其煩地解答筆者的疑問，分享他所負責的紀南城遺址發掘項目的最新成果，令筆者受益良多。在本書的寫作過程中，宋江寧、王紀潮、聞磊、劉建業、王慶鑄、樊榕、郭濤、王文欣和武夢如等諸位師友分別閱讀了不同的章節，提出了許多寶貴的意見和建議；同時，我有幸可以提前參閱王紅星研究館員尚未出版的《紀南城志》書稿中關於城址發掘史的部分；此外，我也受到了劉彬徽和郭德維兩位前輩學者的鼓勵。筆者在此一併向他們表示誠摯的謝意。書中若有錯誤，概由筆者負責。

作為香港城市大學「CityU Start-up Grant For New Faculty」基金資助項目「南中國的地方、首都與邊緣：江陵社會轉型的考古學研究（前 400 年至前 100 年）」（項目號：7200757）的階段性成果，本書除第四章外，其他各章均未曾發表過。第四章「發現『城郊』」改寫自筆者 2023 年刊發在《江漢考古》第 3 期上的〈城郊空間的構造與重塑：楚都紀南城南郊「拔郢」事件前後的考古學考察〉一文大約二分之一的內容，在此也感謝《江漢考古》編輯部的玉成之意。彩圖一和彩圖二的地圖底圖為武昊博士幫助設定。彩圖四、彩圖五、彩圖六和書中圖十二獲得湖北省博物館的惠允得以使用。圖三和圖四的 3D 重構係在香港城市大學建築系碩士謝卓倩同學的協助下完成。其餘圖片均為筆者拍攝或據相應考古報告圖片繪製。

限於作者的學識，加之荊州考古事業的日新月異，本書存在疏漏與謬誤不可避免，懇請讀者批評指正。

第一章

寫在「拔郢」之前

戰國時代（前 403 年－前 221 年）楚國設在江陵的都城「郢」，可以說是一座因其出人意料的結局而在兩千餘年後仍被銘記的城市。[1] 歷史記載中，它的悲劇被簡潔而平靜地概括為「拔郢」二字。「拔郢」是

1 中國歷史上的「戰國」時代，其起始之年的選定不止一種。常見的有以換算西元之後的前 480 年、前 475 年、前 453 年或前 403 年等年份為起點。本書選擇的起點是公元前 403 年。原因與其說是依從《資治通鑒》，以前 403 年「三家分晉」事件作為「戰國」歷史的開端，不如說是為了照顧考古研究上對時期劃分的需要：荊州一帶對戰國墓葬的分期，尤其是對紀南城內遺存的分期，以筆者的解讀，一個未曾明說的選擇其實是將「戰國」的起點放在了西元前五世紀後期這個時段內。幾個備選項中，最接近的就是前 403 年這個年份。很顯然，基於事件發生精確年份的歷史學分期，與基於器物類型比較推斷相對時期先後（特別是未經碳十四測年或沒有發現銘文紀年的情況下）的考古學分期，所得的結果是性質和精度皆不相同的兩種時間。本書討論的考古材料來自有史記載的歷史時期，所以遵照世界各地涉及歷史考古時一般的處理慣例，為了討論的方便與效率，只能讓歷史學的分期與考古學的分期做一點合理範圍之內的彼此遷就。

指在公元前 278 年，秦將白起（？－前 257 年）南下攻陷楚都郢，迫使楚頃襄王（前 298 年－前 263 年在位）遷都於陳的歷史事件。文獻中的郢都恢弘、繁華，令人神往；但遭此兵燹過後，它的訊息遂消失於史書之間。「拔郢」使得楚國成為戰國大國中第一個因軍事潰敗而棄都的例子，楚由此失去了它賴以為腹心和根基的縱深的江漢平原。另一方面，「拔郢」解除了秦人征服戰爭中來自南方的威脅，令其得以深入長江中游，對東亞大陸早期歷史的走向產生了複雜而深遠的影響。[2] 毫無疑問，楚都「郢」是這段歷史的重要參與者和見證人。

今日的紀南城遺址便是戰國時代的楚都郢。它是中國南方迄今為止發掘的體量最大的先秦城址。[3] 它位

---

2 Dewei Shen, "The First Imperial Transition in China: A Microhistory of Jiangling (369-119 BCE)" (PhD diss., Yale University, 2021), 17-18, ProQuest (2557213815).

3 許宏：《先秦城邑考古》（上編），北京：金城出版社／西苑出版社，2017 年，頁 294－296。另外，上世紀 90 年代曾推測楚國最後的都城、位於淮河以南不遠的壽春城佔地可達 $26.35km^2$，超過了紀南城的面積；但這個數字，由於目前對壽春城城垣的具體位置還在尋找中，故尚未能實證。見張義中、張鐘雲：〈壽春城遺址考古的新進展〉，《大眾考古》，2024 年第 1 期，頁 28－42。

於江漢平原西緣，在今天湖北荊州市區北郊 5km，南距長江（荊江段）約 10km。[4] 這一片地方古稱「江陵」（見書前彩圖一）。自上世紀五十年代以來，考古學家們在紀南城內外進行了持續的勘查與發掘工作。由此獲得的一系列前所未見的新發現，讓這座本可能在時間中下沉湮沒的長江巨都，又重新浮出歷史地表。紀南城的始建年代歷來都有很大爭議。[5] 筆者根據半個多世紀以來細緻的考古學研究，以及最近的發掘和部分最新碳十四測年結果（見〈附錄〉），認同楚都紀南城興建於公元前四世紀初前後，存續至「拔郢」的發生，總共有一個多世紀的都城使用史（詳見第二章）。

這本小書要做的，正是立足於紀南城考古歷年來累積的豐富成果，為戰國的楚都郢撰寫一篇城市傳

4 戰國時荆江離楚都紀南城更近，在今日荆江以北約 3km 至 4km 的位置。

5 尹弘兵做過詳細的綜合論述，參見其《楚國都城與核心區探索》，武漢：湖北人民出版社，2009 年。至於這之前的，特別是春秋時期的楚都在哪裏，目前聚訟紛紜。但有一點可以肯定，那就是它們並不在紀南城。

記，以探索「郢之未拔」之時的日常，重構這座南方故都的生命軌跡。本書主要有以下三個特點：

第一，短時段。以筆者目力所及，為一座時間跨度僅一個多世紀的先秦城址書寫傳記，是一個新鮮的嘗試。我們可以借由它管窺中國南方的戰國都市社會在一個相對短暫時段內的變與不變。中文世界中常見的書寫城市的文類是縣志和地方志，成果汗牛充棟，但其對象一般是秦漢以後直至當代的城市或地區。先秦某座城址的考古學報告也可看作一種特殊類型的城市書寫，但其視角天然地就是「長時段」（longue durée），往往橫跨幾百年甚至千年之久（如長江下游的良渚古城）。相比之下，生命周期短暫的楚都郢，落在以上諸種城市書寫傳統之外，具有獨特標本的意義。

第二，微觀視角。由於戰國文獻資料自身的特色與傾向性，歷來研究者偏好由政治、軍事、外交、策略、交通、制度、經濟等等宏觀的面向入手敘述戰國歷史。除了利用已有的研究成果，本書特別強調以郢都這樣一座特定的戰國都市為出發點和落腳點，不僅重構楚王的宮城區，也鉤沉紀南城戍衛的門房、陶工經營的作坊、掉落井中的遺物，以及不同形式的普通居民區等等細節。從這樣一個微觀的、內部的與在地的視角觀察，筆者希望還原這座巨都內部與周邊一些常常被忽視的「日常」，理解在此「日常」之中生活過的精英及普通民眾的體驗與選擇。

第三，新敘事。「戰國」一詞超越對政治實體的稱呼而成為表示時代的概念，出自西漢劉向編纂的《戰國策》。[6] 作為正史的《史記》也大量參考過與《戰國策》同源的資料。《戰國策》這種文類是以權謀詐術為內核的策書，閱讀它從而得出對戰國時代的印象，自然會如劉向所說：「……遂相吞滅，並大兼小，暴師經歲，流血滿野，父子不相親，兄弟不相安，夫婦離散，莫保其命，湣然道德絕矣。晚世益甚，萬乘之國七，千乘之國五，敵侔爭權，蓋為戰國。」[7] 然而筆者認為，戰爭、暴力、鮮血、死亡只是

---

6 楊寬：《戰國史》，上海：上海人民出版社，2016 年，頁 2。

7 〔漢〕劉向輯錄：《戰國策》（下），上海：上海古籍出版社，頁 1196。

對「戰國」理解之一種。新出的考古材料極大地豐富了「戰國」的面相與傳達的歷史情緒，已經無法為劉向理解的那個「戰國」所概括。楚都紀南城遺址提供的一系列物質信息，允許我們至少在局部上去探尋關於楚、關於戰國的新敘事。

為了突出以上特點，本書不得不作一些取捨：首先，小書不涉及戰國時代之前的楚國、楚君或楚文化，也不試圖參與討論它們與紀南城之間的關係。「楚」無論作為政權還是文化，都擁有漫長的發展史，幾乎其所有時段都有大量優秀的學術成果行世，為筆者所無力一一顧及，讀者則可自行參考。未來的研究當然更可進一步將紀南城放入更長的時段或更廣的戰國城市網絡中關照。其次，紀南城周邊探明或發掘的各種規模的戰國墓葬數量應已過萬（主體為楚式墓）。隨着考古工作的推進，這個數字還在增長，相應的研究也層出不窮。限於篇幅與筆者能力，也為了論述的集中，本書並不打算系統性地討論紀南城外的墓葬。另外，我們對楚都的民眾尤其感興趣；他們的墓葬雖然數量眾多，但與隨葬品豐富而奢侈的精英大墓相比都很簡陋，並不能告訴我們太多與其「日常」

有關的信息（詳見第三章）。墓主的日常是在對中型以下、特別是小型墓葬研究中力所不能及的方面，故這些墓葬暫且只能捨去。再次，本書也不會過多描繪宏大的「戰國形勢」。有關「戰國形勢」的話語，本質上是一種歷史解釋的手法，認為可由外部的、「國際」的形勢，比較直接地解釋各國之內的對策、決定和行動。這與筆者探索的一個楚都的內部視角是相衝突的。為了擴充內部視角，必須壓縮外部視角。在第五章我們還會看到，這種從「戰國形勢」出發的外部視角本身也帶着預設甚至偏見，是成問題的。聊以自慰的是，以上的幾點割捨，似乎並不影響我們去達成既定的目標。

以下將先介紹楚都郢作為物質文化的存在，於戰國時空中的獨特地位，它最好的與最後的時光；之後會用三個章節的篇幅，分別描繪楚都的三類空間，討論它們如何被相關的人群使用和運作，以及由此形成的種種景觀。這三類空間分別為：楚都的基礎設施和楚王宮城區，楚都的日常生活空間，以及楚都之外的城郊空間。筆者認為，紀南城的成長總體上受到了城市化的影響。然而，城市化對這三類空間的影響程度各不相同，並且也不是唯一的力量。我們將深入分析除城市化以外其他過去不為人所注意的重要因素，揭示這些因素如何同等參與塑造了紀南城的發展軌跡。

需要指出的是，本書使用的「城市化」概念偏重物質的層面，主要指三類彼此關聯、可在考古學上進行識別的現象：第一，一個城址內部的高台建築和基礎設施（包括城牆）數量的增多、規模的增大與分佈範圍的增廣；第二，該中心城址周邊附屬的次級聚落在數量、密度和分佈範圍上的顯著上升；第三，該中心城址與其附屬次級聚落內居民活動的遺跡在數量、密度和分佈範圍上的明顯上升。

最後，我們必須承認，考古的物質材料所承載的，正與出土或傳世文獻的文字資料類似，都只是歷史信息的碎片甚至粉末。本書捕獲的浮光片影，也只是將這些碎片黏合起來並作出闡釋的所有可能方式中的一種而已。相信隨着考古學科的發展，楚都郢在未來會呈現出更加清晰的面龐。

一、紀南城最好的時光

楚故都紀南城遺址的輪廓大致呈方形，城市軸線由北向東傾斜約 10 度。城址東側連通遼闊的長湖，地形為平原窪地。長湖的岸邊台地歷年來發現數座等級極高的戰國楚貴族大墓。在紀南城的西北方向則是八嶺山與紀山，為荊山餘脈逶迤形成的丘陵山區，山區內楚墓墓塚林立（見書前彩圖一）。紀南城城址的周長為 15506m：其中北城垣長 3547m，東城垣長 3706m，西城垣長 3751m，南城垣長 4502m。城牆夯築現象明顯，夯層一般厚約 10cm。一直到八十年代，除去極少數靠河部分被水沖毀，以及斜穿的 207 國道 —— 1981 年前稱襄（陽）沙（市）公路 —— 壓住東垣的一段以外，高聳的城牆絕大部分保存完好，高度一般能到 8m 以上。[8] 一種推測是原城牆或在 10m 上下。[9] 八十年代以來，城垣高度因各種生產活動影響

8　湖北省博物館：《楚都紀南城考古資料彙編》，武漢：湖北省博物館，1980 年，頁 15。

9　郭德維：《楚都紀南城復原研究》，北京：文物出版社，1999 年，頁 104。

大大降低。現在各牆的最高點從 3.9m 到 7.6m 不等。對幾段城牆的解剖顯示，城牆主體上部寬約 10m 至 14m，以內外護坡加固。外護坡上部一般寬 6m，坡度較陡，以防禦外敵攻城；內護坡上部一般寬 10m，坡度較緩，便於城內士兵上下城垣。[10]

紀南城總面積為 16.6km²。若以北京故宮（0.72km²）為參照，相當於二十三個故宮相加的總和。與紀南城同時期、面積達到 10km² 以上的城址，目前全國僅發現了十八座。它們集中在北方，包括人們熟知的韓都鄭（10km²）、趙都邯鄲（17.2km²）、中山國都靈壽（18km²）、齊都臨淄（20km²）及燕都薊（32km²）。連同楚都郢，這些城址只佔戰國已發現所有城址數量的 3.1%，是首屈一指的超級大都市。相反，當時約 70% 的城市，其面積都不到或遠小於 1km²。[11]

公元前四世紀後半葉，楚國的國力和疆域範圍都

---

10 湖北省博物館：〈楚都紀南城的勘查與發掘（上）〉，《考古學報》，1982 年第 3 期，頁 327。

11 Dewei Shen, "The First Imperial Transition in China: A Microhistory of Jiangling (369-119 BCE)," 33-36.

臻至頂點，號稱「地方五千里，帶甲百萬」。這一時期紀南城內的遺跡，亦顯示出與楚國自身這種擴張和上升趨勢同步的跡象。圍繞紀南城分佈的戰國大墓也在這一時期內密集出現。1957 年安徽壽縣出土四枚鄂君啟錯金銅節，進一步明確了這個時期楚國疆域的大致範圍。根據銘文，我們知道這些銅節的性質是楚懷王（前 328 年－前 299 年在位）在前 322 年頒給鄂君（名「啟」）的通關憑證。這個憑證可使鄂君經商的車隊與舟隊經過楚國的關邑時獲得免稅的優待。學者徐少華指出，銅節上表示地名的銘文都是楚國疆域所至的端點或邊地。它們證實了楚在前四世紀晚期，西北抵達今陝西旬陽市，與秦接壤；東南直到今安徽蕪湖市水陽江西岸，與越接境；南邊盡頭至今廣西全州以北和湖南郴州一帶，與南越相接；而北境則在今方城、新蔡和壽縣一線，靠近其時韓、魏、宋、齊的邊界。[12] 楚都郢的佈局、規劃與規模，與其自身這樣一種總體形勢有着深切的關係。對楚國首都圈的統治

12 徐少華：〈鄂君啟節與戰國中期的楚國疆域形勢〉，《歷史地理》，第 35 輯，2017 年，頁 1－10。

精英來說，前四世紀下半葉或許是風暴來臨之前最好的一段時光。

二、「鄢郢之戰」

然而，前四世紀末以後，秦、楚間的和平愈發難以維持。前 280 年，秦昭襄王（前 306 年－前 251 年在位）針對楚國的「鄢郢之戰」爆發。這一年，秦國司馬錯（前四世紀晚期－前三世紀早期）的軍隊先從楚西部發起進攻，楚只能割讓漢北與上庸地求和。司馬錯又發隴西兵由蜀地出，攻擊楚的黔中一帶。秦之所以在自己深入江漢平原之前，先行癱瘓楚在西部邊疆這兩處戰略通道上的作戰能力，有其戰術上的深意。倘若楚軍在這兩處仍有機動能力，則可以配合其分佈在江漢平原上的其他軍鎮，對猶入甕中的秦國部隊進行雙向的切割、圍剿，進而殲滅。

在完成西側對楚的打擊後，同一年，秦赦免刑徒徙於南陽，為從北側南攻荊楚準備勞務和兵役人口。接下來兩年間白起進入江漢平原後具體的伐楚路線，因涉及對一些重要地名的不同解釋，學者間認識頗有不同。[13] 筆者參閱各家意見，結合自己在湖北省考古調研的心得，給出以下對事件重構的版本（見書前彩圖二）：

前 279 年，大良造白起攻下襄宜平原上的楚國重鎮鄧（今湖北襄陽）與鄢（今湖北宜城東南），赦免罪人以填充這兩地的軍事人力資源。楚國的北邊門戶被徹底撕開。有意思的是，最近從紀南城遺址近郊的戰國水井中發現了三枚楚簡的殘簡，拼合後上面記述了一位婦人從鄢來，報告說鄢已經被攻降的消息。[14] 很快地，鄢、郢之間的藍田（今湖北鐘祥西北）也被擊潰。這時秦的一支先鋒部隊向西南行軍，攻佔西陵（今湖北宜昌）。西陵是位於長江西陵峽口的一處重

13 比如，楊寬在《戰國史》中對鄢郢之戰進行了比較系統的解說，富有啟發性。但他依據《水經．江水注》，認為「西陵」在西陵縣古城，即今天湖北武漢新洲區。這種認識是欠妥的。因為正如楊寬自己指出，西陵在安陸以東一百多里。「拔郢」和「拔西陵」都在前 279 年，而一個在今襄陽，一個在今武漢，這是不可能的。所以我們仍從舊說，認為西陵在今宜昌的西陵峽一帶。楊寬之說見其《戰國史》，2016 年，頁 436。

14 單育辰：〈新見白起破鄢的楚簡〉，《江漢考古》，2019 年第 6 期，頁 143－145。

要楚國城塞。[15] 此舉應是意在先行佔據江陵西側楚國的軍事要塞，防止對到來秦軍的戰術包抄。

前 278 年，白起兵分兩路：一路折向東北，進攻江陵東北方向最大的楚城邑安陸。[16] 安陸鎮守鄂北，背後的大別山和桐柏山之間有連接中原的重要孔道，即大隧、直轅、冥阨三塞。[17] 白起自己率領的一路則直搗江陵楚都，遂「拔郢」。同時，已在西陵駐紮的秦軍，焚燒了附近葬有楚先王陵墓的夷陵。白起的軍隊在「拔郢」後，又向東推進至竟陵（今湖北潛江西北）。[18]

---

15 楊華、向光華：〈戰國時期楚「夷陵城」考辨〉，《三峽大學學報（人文社會科學版）》，2004 年第 3 期，頁 16－20、38。

16 郭德維根據睡虎地秦簡《編年記》中前 278 年「攻安陸」的記載分析當時形勢，指出秦軍是以鄧→鄢→安陸的路線，包圍並最後攻取郢都的。見其〈試論秦拔郢之戰 —— 兼探夷陵所在地〉，《江漢論壇》，1992 年第 5 期，頁 73－78。

17 關於三塞位置的考證，見于薇：〈「義陽三關」兩周時期的區位發展與東畿開發〉，《中山大學學報（社會科學版）》，2019 年第 6 期，頁 13－22。

18 關於戰國時竟陵的位置，見王先明、王仁湘：〈竟陵地理沿革考〉，《武漢師範學院學報（哲學社會科學版）》，1982 年第 4 期，頁 114－120。同時，譚其驤的《中國歷史地圖集》中戰國部分對竟陵位置的標定也是在潛江一帶。

楚頃襄王與其部下為避秦禍，極可能是經由大隧、直轅、冥阨三條隘道之一穿越進入華北平原，遷徙至位於今天河南周口市淮陽區的陳郢——即《史記．楚世家》所說的「東北保於陳城」。白起則在江陵楚國國都旁設置南郡郡治，即今日的郢城遺址（見書前彩圖一），來管轄江漢平原這片廣袤的南方新地。鄢郢之戰中的主體部分，到此也便結束了。正如學者辛德勇所說，這意味着楚國從此「被壓縮到伏牛山－桐柏山－大別山山脈以東的楚『東國』境域之內，亦即所謂『方城之外』這一區域」，國土面積大大縮小。[19] 作為佔領軍的秦，則成為中國有史記載以來第一個如此成功地深入南方、深入長江流域並建立起永久性據點的北方政權。

三、遺忘／發掘簡史

「拔郢」之後，隨着秦新設的南郡郡治成為長江

19 辛德勇：〈雲夢睡虎地秦人簡牘與李信、王翦南滅荊楚的地理進程〉，《出土文獻》，第5輯，2014年，頁190－258。

中游西部的統治中心，郢都就像停擺的時鐘，整個城址迅速被秦人遺棄了。證據之一是城東南角的鳳凰山崗地一帶，原先建築台基密佈，被認為可能是楚都貴族居住區；現在則變成埋有至少一百八十多座秦和漢初墓的墓地。[20] 從城內已發掘區域發現的戰國之後的文化堆積來看，郢都雖棄而不全廢，在兩漢三國、唐宋、明清等時期仍存在一些零星的居住點。但一直到今日，它再未出現過類似戰國時代規模的人口聚居。

在文獻記載中，這座棄都似乎也很快被遺忘了。郢都的現狀被再次提及，最早見於杜預的《春秋經傳集解》：其時，城址已被稱呼為「紀南城」。杜預（222 年－285 年）在「桓公二年」條下指出，楚的國都即「今南郡江陵縣北紀南城也」。[21] 杜預之所以如此確定，應該跟他在荊州擔任鎮南大將軍的經歷有關。與吳人作戰江陵期間，他很可能在勘察地形時親眼見過這座龐然大物。另外，「紀南」意為紀山之南，「紀

20 湖北省文物考古研究所編：《江陵鳳凰山西漢簡牘》，北京：中華書局，2012 年，頁 2。

21 〔晉〕杜預：《春秋經傳集解》（上冊），上海：上海古籍出版社，1988 年，頁 71。

南城」指紀山之南的一座城市。需要掛靠紀山並以方位特徵來命名，說明這座故都早已褪盡政治和文化上的光環，只剩下相對於山川的物理外殼。

真正重新喚醒紀南城背後的歷史記憶的，是漫漫兩千多年後的幾次調查。[22] 1953 年秋，湖北省文史研究會對包括紀南城在內的江陵城址作了初步調查。1954 年冬，中國科學院考古研究所長江隊來江陵調研紀南城，採集了一些東周遺物，首次在考古學意義上確認了紀南城是楚國的郢都。1961 年，國務院公佈紀南城為第一批全國重點文物保護單位（見書前彩圖三）。1975 年 3 月，一場持續約一年的特殊的「考古大會戰」在紀南城拉開序幕。這是新中國由國家文物局直接領導下，唯一一次聚集全國考古學家和考古工作者集中發掘大遺址的事件。它在中國考古學乃至世界考古學史上恐怕都是獨一無二的。此次「考古大會戰」中的重要發現和整理發行的資料，成為紀南城

22 程欣人、蔡成鼎：〈湖北省江陵境內三個古城址的初步調查〉，《文物參考資料》，1954 年第 3 期，頁 125－126。文中指出紀南城「據說是楚郢都故址」。又見〈湖北考古的百年回顧〉（https://www.hbkgy.com/yjy_gzkg/p/9555.html）。

考古研究的基礎。[23]

2025年將是紀南城發掘五十週年的年份。近期出版的部分「考古大會戰」負責人的回憶錄，使我們得以窺見那個時代既面臨重重困難又充滿創造力的特點。據當事人之一楊權喜研究員的回憶，紀南城遺址中的「摩天嶺」（城西北角）和「鳳凰山」（城東南角）的山崗原本無名，為了方便在考古報告中編號，便採用了當時家喻戶曉的國產電影《南征北戰》中這兩個山名。他同時也指出，許多發掘任務是為配合大小基建工程的搶救性發掘，時間倉促，難免遺留不少問題。[24] 關注這些信息能讓我們在使用考古報告時明白發掘的時代氛圍、具體原因、操作方式以及所得數據的性質等等，可更好地對遺址進行研究評估。在接下來的各個章節中，我們希望借助考古所獲的信息撥

23 譚維四：〈楚都紀南城考古概述〉，載《楚都紀南城考古資料彙編》，湖北省博物館編，武漢：湖北省博物館，1980年，頁2－3；郭德維：〈在江陵尋覓發掘楚墓的日子裏〉，《湖北文史資料》，2000年第3期，頁45－66。

24 楊權喜：〈江陵紀南城「考古大會戰」回憶錄〉，《荊楚文物》，第5輯，2021年，頁359－372。

回時針，復原紀南城那段「郢之未拔」的時光，幫助讀者超越長期以來瀰漫的關於楚都如何走向「窮途末路」的刻板印象，辨別出在被捲入秦、捲入「北方」之前楚都之所以為它自己的一面。

第二章

製作紀南城

我們所繼承的楚都郢的城址，其物質實體在時間中經歷了一個不斷被「製作」的過程。在它作為都城存在的一個多世紀裏，包括城市化在內的因素「製作」了它的都市景觀。前 278 年，白起的破壞「製作」了它的遺址形態。此後的兩千餘年，自然侵蝕和人為活動逐步「製作」出它作為一座棄都的樣貌。二十世紀中葉開始，它又被「製作」為考古學研究的對象。這裏的每一種「製作」方式都值得單獨研究。本章關注第一種形式的「製作」，即楚都郢從無到有的過程。以下將重點考察紀南城基礎設施和楚王宮城區這兩個建築空間的營造。以往談及都城的興建，言說者往往下意識地假設背後有一位總工程師，統一指揮和部署都城的建設。然而，根據考古發現，紀南城的製作者顯然不止一位，其建設的時間線也並非單一線型。多個製作主體——其中還包括非人的主體——以不同甚至相反的方式，共同參與決定了紀南城都市發展的軌跡。在本章結尾，筆者提出，這種多主體參與、具備多重時間線的「製作」，可以類比為複調音樂的結構。這將幫助我們更充分地理解早期都市營建的複雜過程。

一、兩棲城市的運作

紀南城城址處於中國地形上二級階梯結束、三級階梯開始的地帶，地貌上也由西側的山地丘陵向東部的平原沼澤過渡。由於周圍湖泊密佈、水系交錯，紀南城在選址上對水、陸環境進行了綜合的利用開發，筆者認為它是一座鑲嵌在巨大水網之中的兩棲城市。這一點與同時期北方國家的國都營建相比顯得與眾不同。

水網系統

如圖　所示，紀南城內探明的古河道共有四

條。[1] 除去鳳凰山西坡古河道（長 1850m，下游寬 20m）已經淤塞為農田，其餘三條都壓在今河道之下，與今河道走向基本平行。朱河源出北邊的紀山，由北垣東門入城南流，全長 1400m，寬約 40m。新橋河源自紀山西側的王家河，南流至紀南城西南角外側，又折向東流，於城南的水門入城北流。該河全長 2750m，寬約 60m。朱河與新橋河在城內的板橋匯合，東流成為龍橋河，全長 2750m，寬約 40m。龍橋河最終在龍會橋出東城垣注入鄧家湖。學者張修桂認為，王家河之所以會在城西南角出現急遽東折，是因為此處存在一道 30m 至 45m 的斷續的崗地。王家河受阻不能逾越，故依地勢折而向東。紀南城為利用河流，修建時也因勢將西南城角築在了這裏。[2]

從城址內部看，這四段河流奠定了紀南城功能分區的基本格局（下詳）。從城址外部看，它們又將楚

1　紀南城內古河道見《楚都紀南城考古資料彙編》，1980 年，頁 3、19－20。

2　張修桂：〈《水經．沔水注》襄樊－武漢河段校注與復原 —— 附：《夏水注》校注與復原（下篇）〉，《歷史地理》，第 26 輯，2012 年，頁 1－33。

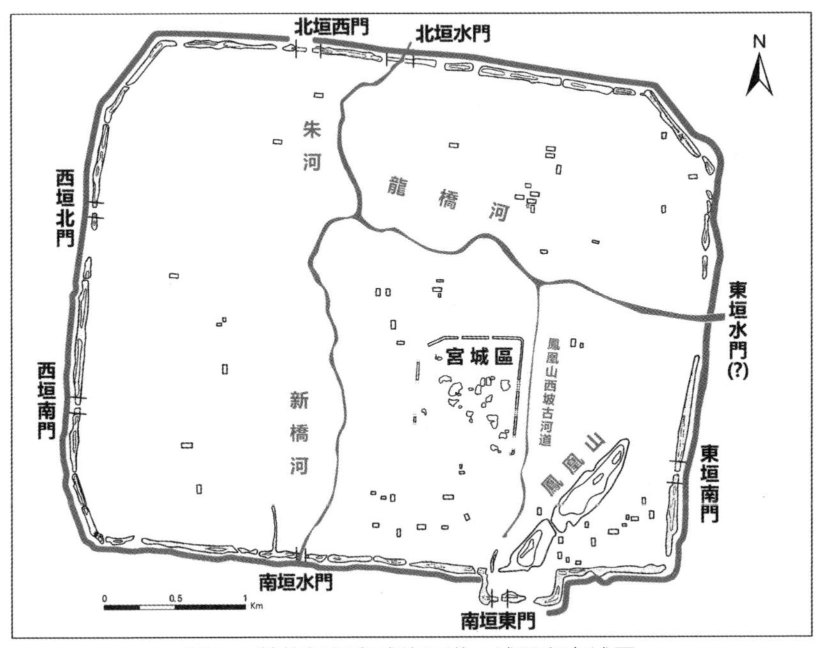

圖一：楚故都紀南城的河道、城門與宮城區
（作者據考古報告改繪）

都與更廣闊的地理單元聯繫在一起。公元前六世紀前後，楚人引沮漳水（源出西邊的荊山），通過江陵一帶的窪地河流連接長湖。而長湖又與古揚水相連，後者經過東邊廣袤的雲夢澤，在揚口（今潛江市西北澤口村一帶）注入漢水。[3] 這條河道 —— 或後期在此基礎之上的加強版 —— 大約就是司馬遷（前 145 / 135 年－約前 86 年）在〈河渠書〉中所說的「雲夢通渠」。[4] 對紀南城內的居民來說，他們只需泛舟龍橋河駛入長湖，就能最終抵達揚口，進而溯漢水北上巡遊襄宜平原各處，包括鄢、鄧等大邑，遠比陸路高效。[5]

古夏水是郢都楚人使用的另外一條接通漢水的水道。它是荊江在今沙市區一帶的一條分流，向東經過楚國的章華台離宮建築群南側（今湖北潛江龍灣遺址），在睹口（今湖北仙桃市附近）匯入漢水。[6] 之後

3 同上，頁 9。

4 《史記 · 河渠書》原文為「於楚，西方則通渠漢水、雲夢之野，東方則通鴻溝江淮之間」。

5 楊偉、樊如森：〈江漢運河時空變遷新探〉，《運河學研究》，第 4 輯，2019 年，頁 35－45。

6 張修桂：〈《水經 · 沔水注》襄樊－武漢河段校注與復原 —— 附：《夏水注》校注與復原（下篇）〉，2012 年，頁 18。

可以有兩種選擇：若繼續浮漢約 70km，就可進入涢水；由涢水北上可抵達鄂北的大邑如安陸等。若沿漢水一直東行，則可在夏口（今武漢市漢江口）進入長江，再沿江去到鄂東各處。而鄂東是中國南方銅礦資源帶的重要區域。[7]

除此以外，早年的實地調查發現在今沙市北、荊州城東、郢城遺址南有一條寬約 300m、可與荊江相通的古河道。[8] 這説明江陵楚人也可以直接乘舟順荊江南下至洞庭湖，再從洞庭湖選擇駛入湖南湘、資、沅、澧四大水系沿途的各處。1981 年在沙市蛇入山一帶發現過一處大型夯土台基建築基址，並在附近（以及章華寺）採集到東周遺物。根據歷代文獻的記載，有學者推測可能這就是楚王的離宮建築「渚宮」

7 張正明：《楚史》，武漢：湖北教育出版社，1995 年，頁 45；楊寬：《西周史》，上海：上海人民出版社，1999 年，頁 634。

8 劉玉堂、袁純富：《楚國交通研究》，武漢：湖北教育出版社，2012 年，頁 263。

之所在。[9]「渚宮」憑藉江旁之渚而建，至戰國時也應有古水道溝通今紀南城外鄧家湖的南側，方便楚王往來郢都與此地。如此，則荊江與紀南城內的水道也被緊密地聯繫在一起。

與眾多水網相連，自然會面臨洪災的風險。分析紀南城的設計，可看出其中包含周密的防洪機制。首先，紀南城海拔 28m 至 33m，地勢相對較高，與荊江保持了適當的距離。據史地學者的推算，春秋戰國至秦漢時的荊江在大約今日荊州城的位置通過，也即彼時荊江在今日荊江以北約 3km 至 4km，離紀南城更近。[10] 為應對洪水衝擊，紀南城四個城角也修建成拐角而非直角的形態。同時，紀南城外有城濠環繞。城濠總長度 14720m，各段一般寬 40m 至 80m 不

---

9 昌天明、文必貴：〈楚渚宮遺址新探〉，《荊州師專學報（社會科學版）》，1984 年第 1 期，頁 123－125；楊旭瑩：〈楚都紀南城與渚宮江陵區位考析〉，《湖北大學學報（哲學社會科學版）》，1988 年第 4 期，頁 68－70。

10 鄒逸麟、張修桂主編：《中國歷史自然地理研究》，北京：科學出版社，2013 年，頁 284。

等，最窄處 10m，最寬處達 100m。[11] 它們與城內的河流、水溝及建築物的排水管道組成了完整的排水洩洪系統。將城濠與城內四條古河流的長度相加，得到 23470m，算得紀南城城區河流密度為 $1.41km/km^2$，高於齊都臨淄故城的河道密度（$1.15km/km^2$）。據建築學者吳慶洲計算，紀南城城濠與古河道的蓄水總容量可達到 $4620000m^3$，抵得上一座偏大的小型水庫，有很強的蓄水和洩洪能力。[12]

城門系統

除了利用水網，紀南城對周邊地理和水文環境複雜的控制也表現在城門系統的構建上。郢都至少有七座城門，開向東、西、南、北四個方向，形成一個能夠精密調控的體系（圖一）。筆者按城門功能將之分為三類：

11 湖北省博物館：〈楚都紀南城的勘查與發掘（上）〉，1982 年，頁 329－330。

12 吳慶洲：《中國古代城市防洪研究》，北京：中國建築工業出版社，1995 年，頁 63－64。

第一類城門是用於陸地交通的陸門，包括西垣南門、西垣北門和北垣西門。三座陸門結構和規模互有差別。後兩座門址因有較詳細的發掘數據，成為我們着重考察的對象。

西垣北門門址原寬約 23m，兩側的城垣基底寬約 28m。[13] 圖二顯示門址構造由三部分組成：城牆主體基底寬 10.1m，內護坡基底寬 15m，而外護坡基底寬僅 3m，坡度很陡。此門僅保存了不完全的基礎部分，可辨識出有三條門道，長各 10.1m。門道之間以門垛隔開。中門道寬 7.8m，兩側門道約為中央門道的一半，寬 3.8m 至 4m。在南門道發現兩條平行的凹槽，填土為黃色，相距 1.8m。發掘者懷疑為當時的車轍痕跡。城門南北兩側皆有門房，應為城門戍衛駐守之處。南門房牆基保存較好，分為兩間，南北平行，房牆內側還有柱洞。其中保存較完整的西邊一間，室內東西寬 3.8m 至 4.6m，進深 3.8m。南門房的後牆有一

13　西垣北門的發掘信息見湖北省博物館：〈楚都紀南城的勘查與發掘（上）〉，1982 年，頁 334－341；郭德維：《楚都紀南城復原研究》，1999 年，頁 102－113。

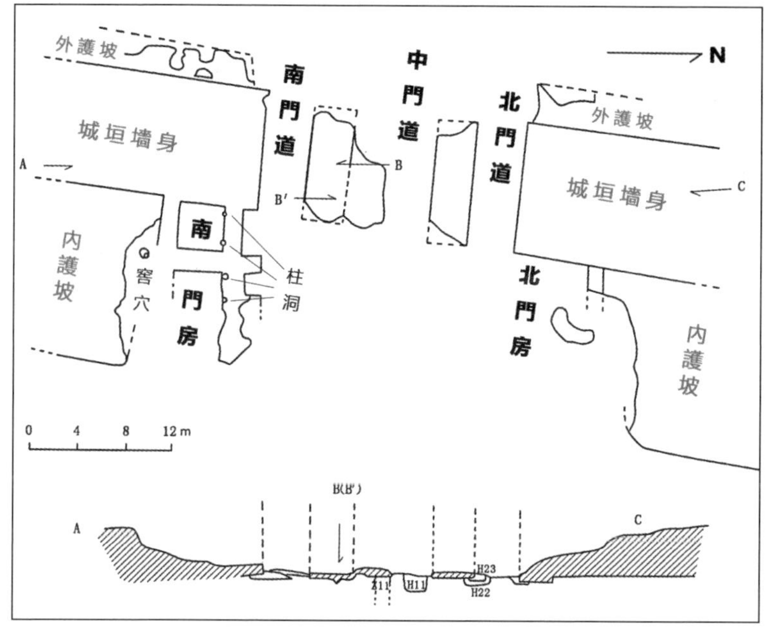

圖二：紀南城西垣北門的門址結構與剖面
（作者據考古報告改繪）

個窖穴，坑壁平整，可能為門房的儲藏坑。西垣北門底部疊壓有早期遺跡，包括十五個灰坑和五口水井。由其中出土的陶器判斷，這些遺跡可追溯至前四世紀初前後。這表明在紀南城正式建都起牆之前，遺址範圍內就已有人群居住活動。

北垣西門是另一座值得注意的陸門，其上留有明顯的火燒破壞的痕跡。筆者根據該門址的發掘信息，將之復原如圖三。[14] 此門的西部城垣上發現有兩座夯土台基，為城門附屬建築，可能是瞭望台和箭手的射擊平台。台基上層均覆有紅燒土、大量的紅陶片和草木灰等堆積，說明曾遭受嚴重的焚毀。兩座台基間有一道寬 5m 左右的黃褐色路土，厚約 10cm，上層覆蓋着紅燒土、陶片和黃褐土，延伸至城內百餘米中斷，未通向城外。發掘者推測可能為由城內登上台基建築的長坡道。另外，北垣西門是紀南城唯一一座既沒有外城濠也沒有自然河流環繞的城門。相比其他城門受到城濠或自然河流（如以下的東垣南門）保護，

14 北垣西門的發掘信息見文必貴：〈紀南城考古勘探簡報〉，載《楚都紀南城考古資料彙編》，1980 年，頁 18。

北垣西門一旦失去瞭望台上的防禦，可能會成為最易攻破的地方。同時，此門也是由北方南下楚都首先會遇到的陸門。秦軍可能便是選擇焚毀破壞此門，由此入城。

第二類城門是為管理河道交通而設置的水門，包括南垣水門和北垣水門兩座。新橋河與朱河分別流入此兩門而在城內匯合。東垣偏北部龍橋河出城處可能還有第三座更大的水門，但由於河道沖毀和早年修建襄沙公路破壞，目前已無法探明（圖一）。[15] 南垣水門在 1972 年冬至 1973 年春為配合水利工程被發掘。它是目前為止唯一一座被較為完整發掘並得到研究的早期水門，意義重大。[16] 筆者根據先行研究將之復原如圖四。[17] 發掘結果顯示，南垣水門的遺跡由六排南北縱向平行排列的柱洞和木柱構成，形成一個規則的長

15 郭德維：《楚都紀南城復原研究》，1999 年，頁 55－57、89－90。

16 南垣水門的發掘信息見湖北省博物館：〈楚都紀南城的勘查與發掘（下）〉，《考古學報》，1982 年第 4 期，頁 341－349。

17 郭德維：〈南垣水門復原研究〉，載《楚都紀南城復原研究》，1999 年，頁 113－120；蘇瑩瑩：《楚國紀南城南垣水門的復原研究》，華中科技大學碩士論文，2010 年。

方形，南北長約 11.5m，東西寬約 15m。每排柱洞原有十個，大部分還有木柱殘留洞中。木柱尖端距今地面深約 3m。中間四排木柱支撐着其上水門建築的主體。這四排木柱自身按東西方向形成三條約略均分的通道。每條水道寬約 3.5m。學者郭德維認為，如此寬度的三條水道，足以讓六艘常規木船同時並行。水門木構主體的北端有一坑，坑中有人骨架一具，並有麻鞋三雙，木梳和木篦各一，繩紋罐一件，[18] 附近還發現有馬頭骨一具，以及其他獸骨。發掘者認為這可能是一個城門的奠基祭祀坑。南垣水門連接了郢都與沿長江及其支流的其他城市和港口。在楚國發達的水路網絡中，南垣水門很可能在貿易、徵稅甚至軍事行動方面起到了津關的作用。[19]

北垣水門的規模應該小於南垣水門，探查到的門址開口約 10m。[20] 調查顯示，北垣水門外曾有一個大

---

18 原報告中稱為「繩紋長頸罐」，筆者按照當今常用名稱統一為「繩紋罐」。見〈楚都紀南城的勘查與發掘（下）〉，1982 年，頁 347。

19 郭德維：《楚都紀南城復原研究》，1999 年，頁 119－120。

20 北垣水門的發掘信息見文必貴：〈紀南城考古勘探簡報〉，1980 年，頁 18－19。

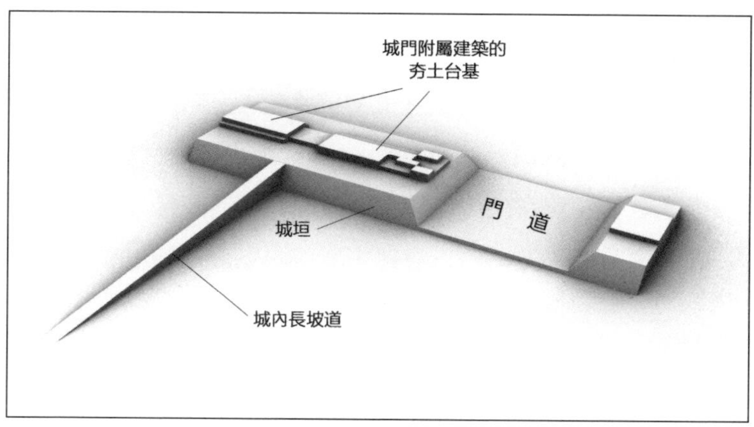

圖三：紀南城北垣西門的門道與附屬建築復原
（沈德瑋、謝卓倩繪製）

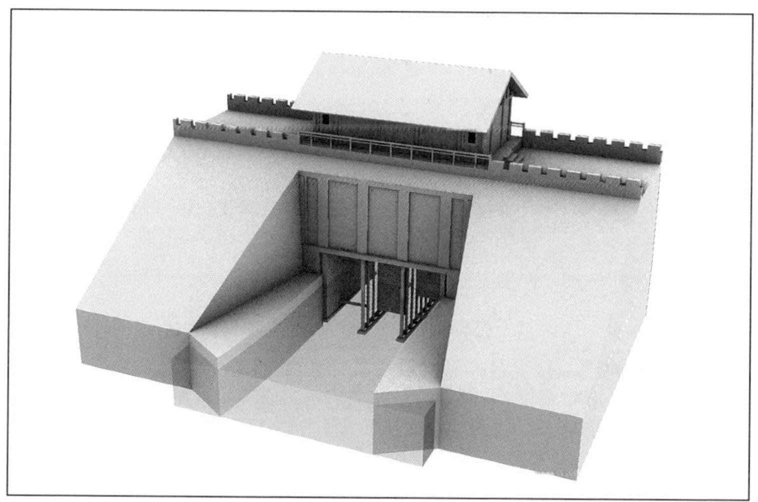

圖四：紀南城南垣水門結構復原（沈德瑋、謝卓倩繪製）

型湖泊與古朱河相連。由於古朱河是「一條河短源近而沒有通達北方各地交通能力的水道」，有學者認為這個封閉的湖泊更適合水師訓練，而非常規交通。[21] 換言之，北垣水門可能是為了管理和調發楚國舟師，在需要時進入紀南城以發往相關各水域而建造的。

第三類是因應特殊需要而製作的城門，包括南垣東門和東垣南門兩座。南垣東門設在鳳凰山以南。[22] 鳳凰山高出地面約 10m，是全城地勢的最高點。為防止入侵者佔據該高地對城內發起進攻，南垣東門故意向外突出一段，將整座鳳凰山包進城垣之內。[23] 門內西南角有一座當地人俗稱「烽火台」的台基，高出地面 3m 至 5m，底部寬 32m，頂部寬 18m。2011 年對「烽火台」的解剖發現，其台基與城垣的主牆體都是從原始地面分別起建，兩者為同時規劃與修建的產

21 劉玉堂、袁純富：《楚國交通研究》，2012 年，頁 261。

22 南垣東門及烽火台的發掘信息見文必貴：〈紀南城考古勘探簡報〉，1980 年，頁 17；湖北省文物考古研究所：〈荊州紀南城烽火台遺址及其西側城垣試掘簡報〉，《江漢考古》，2014 年第 2 期，頁 11－21。

23 湖北省文物考古研究所編：《江陵鳳凰山西漢簡牘》，2012 年，頁 1。

物。建成時「烽火台」台基的護坡為城垣的內護坡邊緣所壓。台基的建造最早不會早於公元前四世紀初。在台基南坡發現大量瓦礫，表明曾有建築座落其上。台基西側邊坡發現有相隔一定距離的規整的楔形柱洞，推測是廊道，方便守戍上下土台。該土台台基主要作用應該類似於瞭望台，負責監視南城垣與長江之間的區域。據説早年未修房屋時，可以在「烽火台」上遠遠望見南邊現在荊州城的城牆。

東垣南門規模宏大，2018 至 2019 年度對門址與其邊側城牆進行解剖，獲得了重要的新發現。[24] 這也是最新一次對紀南城考古發掘的項目。復原後此門門址寬 52.8m，城門兩側城垣的底部寬達 35m。該門由兩個門垛分隔出三條至少長 15m 的門道：中央門道寬 16.5m，北門道寬 4.7m，南門道的一側被現代水泥路壓佔，但應與北門道寬度接近。對比各項參數，東垣南門的規模明顯大於北垣西門。該次發掘未在門

---

24 東垣南門的發掘信息見聞磊：〈楚紀南故城考古發現戰國早期城垣遺跡〉，《中國文物報（考古專刊）》，2023 年 11 月 24 日第八版。

址外側發現城濠，但發現了水井和灰坑等居住遺跡。發掘者推測，這可能是因為城門以東不遠處即為鄧家湖，當時鄧家湖應包圍紀南城東南角，並連接龍橋河，使東垣南門可以利用這段自然湖泊作為護城河。發掘者因此也認為城門外鄧家湖邊可能建有碼頭，方便從城內出來的人換乘船隻進入長湖。因此，東垣南門的功能更接近於一座水陸複合型的城門。

學者郭德維曾根據紀南城東南角一帶發現較多和較密集的東周夯土台基 —— 這在圖一中即可看到 —— 並且有鳳凰山和東、南城垣的三面包裹從而形成一處安全性很高的空間，推測東南角的使用者應為楚國的要員和精英。[25] 現在看到東垣南門規模如此之大，而出其門不遠就是鄧家湖，筆者不禁聯想到屈原（前 343 年－前 283 年）書寫自己在楚頃襄王元年（前 298 年）被從郢都放逐事件的〈哀郢〉。[26] 在〈哀郢〉

25 郭德維：《楚都紀南城復原研究》，1999 年，頁 87。

26 關於〈哀郢〉寫作時代的考證，見趙逵夫：〈《哀郢》釋疑並探屈原的一段行蹤〉，《荆州師專學報（社會科學版）》，1994 年第 4 期，頁 51－59。

中，有「發郢都而去閭兮，怊荒忽其焉極？楫齊揚以容與兮，哀見君而不再得。望長楸而太息兮，涕淫淫其若霰。過夏首而西浮兮，顧龍門而不見」幾句，可以推斷出，屈原是從郢都出發後直接坐船（「楫齊揚」），通過之前提到的連接鄧家湖與荊江的水道，經過古夏水的起點「夏首」（今荊州沙市區）進入長江。而屈原所出的郢都之門，以及他所顧的郢都「龍門」，很可能正是水陸複合型的東垣南門。他離去的郢都內的住處「閭」，或許就是紀南城東南角的這片台基密集的區域。

這次發掘的另一重大成果是發現了東城牆乃分兩期建成。第一期即為紀南城的始建年代。與這一期城垣同時的水溝遺跡 G6，其底部出土的完整長頸罐符合戰國早期形制。那麼溝 G6 年代應更早一些，為春秋晚期或戰國早期早段。同時，該溝底部出土的碳化櫟屬果殼經碳十四測年，年代範圍落在前 380 年至前 344 年這個區間（見〈附錄〉）。綜合前述，第一期城牆的建造年代定在約公元前四世紀初前後應為妥當。但因某種原因，第一期城牆的興建停滯了一段時間，並在這期間形成了一層堆積（編號「第⑩層」）。

位於這層堆積層下，同時又被後來的第二期城牆牆基打破的灰坑 H5，可以用來判斷第二期城牆的建造年代。從該坑堆積物中浮選得到的水稻和麥粒，其測年結果落在前 349 年至前 303 年這個範圍。可以說，第二期城牆是在前四世紀早期之後到中期之間，在一期城牆的牆體之上加築修造並完成的。

要之，紀南城的城門與水網是一個有機關聯的整體。其南側的大型水門和瞭望台，以及東側的大型水陸複合型城門，都揭示出這是一座獨特的「亦水亦陸」的兩棲城市。它依託長江中游向四面輻射的水路通道，結合陸路交通，以獲取自然資源和商貿利益，從而向更遠的區域投射軍事、政治和文化的影響力。

二、洪水、王權與宮城區的生成

紀南城的中部偏東南一帶確認為郢都的宮城區。圖五展示了宮殿區內部的微觀構造。顯然，宮城區的位置並非隨意選定：它被有意安放在由紀南城四條河道圍繞所形成的中心空間內，既凸顯宮城本身象徵的王權，又以河道為界限，確保宮城的安全性。

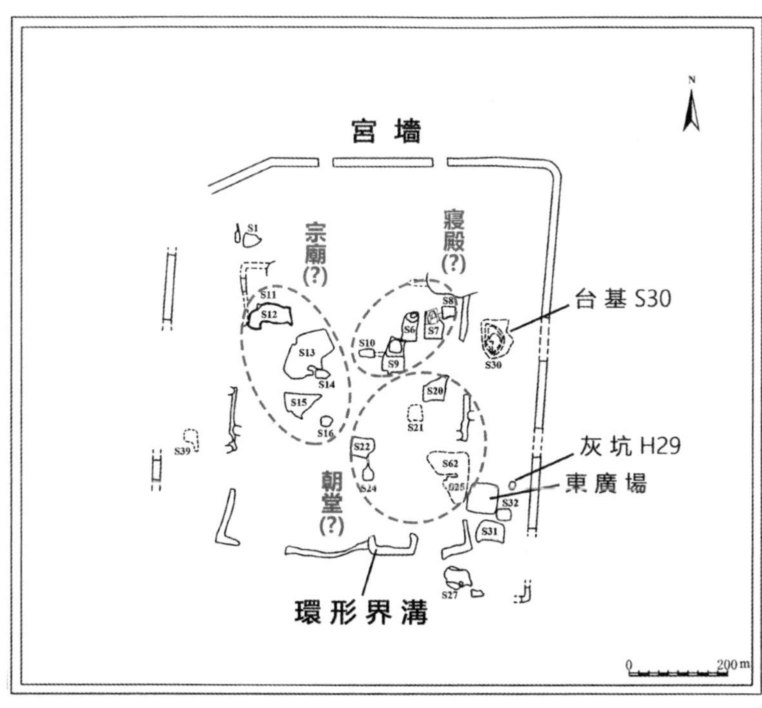

圖五：紀南城宮城區的佈局（作者據考古報告改繪）

宮牆和界溝

考古發掘工作揭露出整個宮城區外應有宮牆四面圍繞，形成一個南北 906m、東西 802m 的長方形結構，面積 726612m^2，佔紀南城總面積的 4%。[27] 若以標準化程度較高的西漢城市體系為參照，則楚王的宮城區相當於西漢縣治所在城市中最大的那一等級。[28] 宮城牆厚約 12m 至 14m，保存情況差，特別是南宮牆，只剩下東南拐角一段。北宮牆發現兩個通往外界的門道，很可能其他三面宮牆也是如此，故而宮城區應有八個宮門。近年還發現宮牆內挖有環形界溝，形狀亦呈長方形，南北長 565m 至 575m，東西寬 463m 至 525m，面積 270000m，佔宮城區面積的三分之一。界溝在東、南、西三邊各有兩個缺口，北邊有一

27 宮城區的發掘信息見湖北省博物館：〈楚都紀南城的勘查與發掘（下）〉，1982 年，頁 477－485；聞磊、周國平：〈郢路遼遠——楚都紀南城宮城區的考古發掘〉，《大眾考古》，2016 年第 11 期，頁 19－28；湖北省文物考古研究所：〈2011－2015 楚都紀南城考古工作報告〉，載《紀南城考古發現》，湖北省文物考古研究所編，2017 年，頁 223－279。對宮殿區的復原，也可參考《楚都紀南城復原研究》，1999 年，頁 129－147。

28 肖愛玲：《西漢城市體系的空間演化》，北京：商務印書館，2012 年，頁 223－224。

個大缺口，可能對應着八個宮門。界溝深約 1.6m，至少一部分是為建設宮城而現場挖坑取土時留下的副產品。同時，它也起到為宮城分區的作用。另一方面，界溝各段溝面寬 7m 至 18m，相當於人工湖，發掘者推測當時可能種有水生植物一類，以綠化、美化宮殿區。

宮殿建築群

在宮城區內探明的東周夯土台基共十八座，屬於楚王的宮殿建築群。發掘十八個台基的結果顯示，在宮城區偏東側的六個台基（即 S6、S7、S9、S24、S25、S30）是分兩期完成的。第一期的夯土較薄，在一期和二期兩層夯土間夾有淤積層。這層淤積層在紀南城其他發掘區域也存在，雖然各處厚薄不一。發掘者推測可能在一期夯築工程中突遭一場大洪水，一部分一期台基被沖毀。過後又在還殘存的六座一期台基上進行二期的夯築；與此同時，楚人也新建（或補建）了宮城區中的其他十二座台基建築。這十二座台基都只有二期夯土。宮城區內的上述淤積特別地厚，可能與宮城被河道環繞，故遭洪水漫灌也較嚴重有關。[29] 根據以上夯土台基的信息，我們還可推斷出楚王宮城區內城市化的過程，大致是從東側向西側進行的。

現在來看這十八個夯土台基建築的可能功能。首先，四座台基 S1、S27、S31 和 S39 被界溝分隔在宮城的核心區以外。發掘者認為，按相對位置推測，它們可能是中央宮殿入口處的某種守衛設施。其次，發掘者借助早期文獻如《周禮》及九店楚墓出土的《日書》中關於都城、居住空間的功能劃分的論述，將剩下的十四個台基劃為三個群落（圖五）。[30] 第一個群落位於西北部，包括 S11－S12、S13－S14 和 S15－S16 這三對台基。由於此處的台基高大，且地勢偏高，發掘者懷疑這是一組楚國宗廟的建築。第二個群落位於東北部，包含 S6、S7、S8、S9 和 S10 這五個台基，可能是楚王的寢殿。第三個群落位於東南部，由六個台基組成，可進一步區分為三對，即 S20－S21、

29 湖北省文物考古研究所：〈2011－2015 楚都紀南城考古工作報告〉，2017 年，頁 273、277。

30 聞磊、周國平：〈郢路遼遠 —— 楚都紀南城宮城區的考古發掘〉，2016 年，頁 27－28。

S22－S24 和 S25－S62。每對台基有一條連廊連接。這三對台基可能是楚王舉行朝會或履行其他職責的朝堂。

台基 S30 的兩期房址

由於這些台基絕大多數在發掘時已遭嚴重破壞，台基上的遺跡缺乏高質量的考古數據，對其功能的闡釋也只可算一種可能性的推測。宮城區中唯一有足夠考古細節以進行重構的是台基 S30。[31] 台基 S30 有兩期使用史。第一期夯土約建於前四世紀中期或之前，上有房址 F2，殘留兩段牆基。在 F2 之上，壓着約建於前四世紀中期以後的房址 F1。這種疊壓關係説明，為了修建新房址 F1，舊房址 F2 的牆基被剷平。房址 F1 規模頗大，長 63m，寬 14m，其內外殘留二十三個柱洞。在 F1 的南北兩側設有磉墩和散水。在散水

31 台基 S30 的發掘信息見劉彬徽：〈紀南城松 30 號台基發掘簡報〉，載《楚都紀南城考古資料彙編》，1980 年，頁 51－66；湖北省博物館：〈楚都紀南城的勘查與發掘（下）〉，1982 年，頁 477－485；湖北省文物考古研究所：〈荊州紀南城遺址松柏區 30 號台基 2011－2012 年發掘簡報〉，《江漢考古》，2014 年第 5 期，頁 10－27。

處進一步發現有水溝，溝寬 3m，深 2m 至 2.5m，且有四條從房內延伸出來至散水以下的陶排水管。F1 內部由一道隔牆分為東、西兩個房間。兩個房間內外共挖有十一口井，都貫穿了夯土台基直通地面以下。需要指出，在夯土台基上打井，於紀南城其他地點也存在（比如第三章中松柏魚塘的一處台基建築）。房址 F1 的遺物中發現用於大門把手的錯銀鋪首銜環及大量瓦片堆積。

一種觀點認為，台基 S30 的性質當為一座高大而壯觀的宮殿。[32] 近來的觀點進一步指出，台基 S30 也許是集會或者祭祀場所的一部分。[33] 也有學者從日常生活設施的角度着眼，指出由於紀南城內發現的水井，用途之一是冷藏食品（詳見第三章），從房屋內的井群判斷，該建築可能是一個中央食品供給處，負責儲存、準備和分配某些種類的食品，供宮廷生活使

---

32 劉彬徽首先提出這種認識，見其〈紀南城松 30 號台基發掘簡報〉，1980 年，頁 65；郭德維通過重構台基上的房址，更確認了宮殿的説法，見其《楚都紀南城復原研究》，1999 年，頁 148－168。

33 湖北省文物考古研究所：〈2011－2015 楚都紀南城考古工作報告〉，2017 年，頁 279。

用。[34] 筆者認為，以上說法彼此間並不矛盾：台基 S30 上建築的體量是毋庸置疑的，其作為食品供給處的說法也有一定道理。如果我們注意到該台基正對東宮牆上的北門道，食品可能是通過東側緊鄰的鳳凰山西坡古河道水運到宮城區內，而此台基正負責接收和儲存的任務。至於食品的用途，可以同時供給宮殿區的日常食用與祭祀。此外，F1 地面上還遍佈紅燒土、瓦礫和木材倒塌焚毀的灰燼。這些遺跡說明該建築曾被燒毀且再未重建。加之台基 S30 正對宮城區入口的敏感位置，最有可能的是被秦軍燒毀。

上述宮城的東南角是建築遺跡密集的地方。在靠近楚王朝堂的台基 S25 的東側，還發現一處約 60m×60m 的廣場，因建於淤積層上（而淤積層下即為生土），故其使用時間可追溯到洪水過後，即公元前四世紀中期左右。方形廣場東北角發現了一個相當大的灰坑 H29，面積為 5m×10m。其內填土分兩層：底部覆蓋着一層厚厚的黑灰黏土，夾雜大量草木灰、

34 李德喜：〈楚南郢松 30 號台基殿堂復原初探〉，《華中建築》，2000 年第 1 期，頁 132－135。

炭粒及少量紅燒土顆粒與陶片。上部則鋪有一層灰白細沙。發掘者認為，廣場可能曾是與舉行需要燃燒篝火的某種儀式相關的聚集場所。這樣的儀式結束後，灰燼可能被倒入附近的垃圾坑中，形成類似 H29 內的那層黑色土。之後，再在灰燼上撒上一層沙子，熄滅燃燒材料的餘燼。

綜合以上各點，筆者認為，楚王宮殿建築群可能的發展軌跡如下：戰國中期之前，此處應已有一批高台建築，集中在東側。但一場洪水對原宮城區造成了破壞。洪水退後，楚人在殘存的台基上加築並營建了新的宮殿，又向西側擴張，增建了新的台基建築。環形界溝和宮城牆很可能也是此時重新規劃和擴建完成的產物。這一波宮城區內城市化進程的提速，似乎與前四世紀中期以來楚國領土擴張的黃金期重合。如果這個關聯成立，那麼隨着國家實力和王權力量的增長，楚王很可能以升級、完善他的宮城空間的方式，達到對內展示威儀、在諸侯間提升政治聲望等多重目的。下面兩章我們還會看到，這一波加速的城市化也輻射到了宮城區以外甚至楚都城郊的區域。

三、討論：複調的時間線

通過對城址基礎設施和宮城區內十八個台基建築的梳理研究，我們看到紀南城作為一項超大型的工程項目，其「製作」過程顯然不是簡單線型的。恰恰相反，紀南城的時間線有一種「複調音樂」（polyphony）的結構。也就是說，當我們去追溯紀南城的發展軌跡時，發現它有多個製作主體的參與，有多重甚至折疊的製作的時間線，就像複調的旋律，各自相對獨立地展開。

第一，對紀南城東垣城牆的解剖揭示出楚都製作過程中更加細化的時間，即東垣是分兩期完成的。兩期間夾着一層顯著的堆積層，停滯時間大概不短。令人感興趣的是分期修築的原因：這是因為勞動力的暫時性短缺，還是被突發事件打斷了工程進度？或者是在公元前四世紀早期，楚國統治集團內部對於是否將紀南城用作新的都城有所猶豫，故而暫時擱置了對城牆的修建，直至其遷都的計劃完全確定？其他城牆的始建年代，我們已經論證過，與東垣大致為同時。然而，它們是否也是分期建造，還是一次性完成，或者彼此間建造的進度是否保持一致，筆者認為尚需未來更詳細的發掘數據提供線索。另外，由於城門與城牆是配套的，筆者懷疑紀南城的幾座城門也可能不是同時建成，而是分期、分批設計與製作的產物。

第二，建設楚王宮城區的時間線更為複雜，至少有兩股相反的力量塑造了其景觀：一股是反面的力量，即來自洪水的干擾，摧毀了此前已有的一批台基；另一股是正面的力量，即在楚王政治需求的推動下，宮城區內的城市化進程提速，並向外輻射。這讓我們意識到，一座都城的生長有其自身的節奏，既有助力的因素，也有阻礙的因素。這在當今聽起來顯得平淡無奇，但在考古學上對中國早期城址的敘事中卻並非不言自明：我們需要遺址提供許多細節才能確認這一點。同時，這也說明紀南城的城市化是多股力量互相對沖的結果：換言之，這並不代表「反城市化」力量的不存在——包括自然災害、戰爭破壞等等——而只是城市化強勁的總趨勢抵消了其他「反城市化」的力量而最終勝出。「反城市化」力量的客觀存在，說明紀南城的製作在許多層面上超出了楚人甚至楚王的控制範圍。這種視角的好處是將紀南城從傳統的戰國史觀中「解放」了出來——這種史觀將一國的命運，包括國都的命運，比較狹窄地解讀為國君德行和決策的結果——而放入更加接近真實的歷史場景裏面去認識。在真實的歷史場景中，大型都城如紀南城，無時無刻不處在多種人與非人（如自然環境）的製作主體的互動網絡之中。

第三，紀南城腳下的土地，在興建城牆、成為楚都郢之前，就已有人居住，並非一塊處女地。也即是說，在楚國精英與民眾到來之前，就已有一小批的居住者留下了「製作」的痕跡。上述西垣北門門址下的灰坑與水井，便是築牆之前早期居民的生活設施。此外，在紀南城內西北部的東嶽廟曾發掘過七座墓葬，在城內更北的陝家灣也發掘過三座墓葬，年代都可早至春秋中期前後。一個重要的問題是：這批零散的早期居住者到底是誰？他們先期對居住環境的小規模的製作，對後來郢都的城市規劃與使用是否存在影響？先秦城址的後來製作者與其早期製作者之間的關係問題，值得將來進一步探索。

第四，當我們深入到紀南城的種種設計細節後，可以見出其中蘊藏着諸多的匠心。紀南城城址的製作不但極大化利用了周遭的地理單元與水文環境，也折射出其製作者對楚都在本地與跨區域事務中扮演的角色有着高度的戰略意識。這種戰略思維上的成熟和對地理知識的熟悉，絕非一日之功，而是長期觀察與實踐的結果。我們不能因為郢都本身使用時間上的相對短暫，就忽略了其製作者——不只是一個個的個體，而是一波又一波在時間中有繼承關係的人群——長期進行知識積累的過程。在這個意義上，紀南城城址在前四世紀上半葉或建或停的節奏，除了可能反映楚統治者決策上的不確定狀態，也可能因此是一個「試驗」的窗口期：在這個窗口期裏，紀南城的製作者不斷調查、設計、調整他們的方案，終於在前四世紀中期前後，有機地將這些元素整合，形成我們今日所見的樣貌。從這個角度看，紀南城實際上代表了其製作者對周圍環境及自身未來發展的一種集體性認知。未來對紀南城遺址的研究，也需要像對待譬如當代巴黎街道網絡的設計者奧斯曼（Georges-Eugène Haussmann，1809 年－1891 年）或者隋代長安大興城的規劃者宇文愷（555 年－612 年）那樣，來深度探討這座長江巨都、東亞名城背後製作者群體的思想。

總之，如果以「製作」的視角看待紀南城的營建，並以複調音樂的結構來理解這種「製作」的主體與時間線，我們會看到楚都紀南城本身蘊含的巨大的生命力。這種體現在物質細節中的多主體的、運作中的生命力，是假設一兩個個體對都市命運負責的傳統史觀無法捕捉到的。從對都城周邊水陸環境的理解、城垣的停而又建到來自洪水的意外破壞、楚王王權的崛起和宮城區城市化的加速，乃至建城之前人群居住的印記等等，這些過程背後的主體在郢都之內相遇並相互盤結嵌套，同時又以相對的獨立性在不同程度和方向上塑造了紀南城城址的形態。

第三章 尋找「普通人」

在 1976 至 2015 年期間，紀南城內幾處非精英群體生活生產的遺跡，因為各種機緣，得到了間歇性的調查與發掘。這些努力揭露出一大批水井、窯址、小型台基、排水管道、建築材料、生產工具和生活資料等遺存。王城之內普通民眾進行勞動、居住、飲食及其他經濟活動的物質空間逐漸浮現。本章將深入分析紀南城內七處此類遺址（圖六），旨在探索、了解郢都的「普通人」。

回顧以往的研究，我們對楚都「普通人」生活場景的想像，似乎至今未能超出兩漢之際桓譚（前 36 年－35 年）提到的一段描述：「楚之郢都，車轂擊，民肩摩，市路相排突，號為朝衣新而暮衣蔽。」[1] 這段

1 〔漢〕桓譚：《新論》，上海：上海人民出版社，1977 年，頁 23。

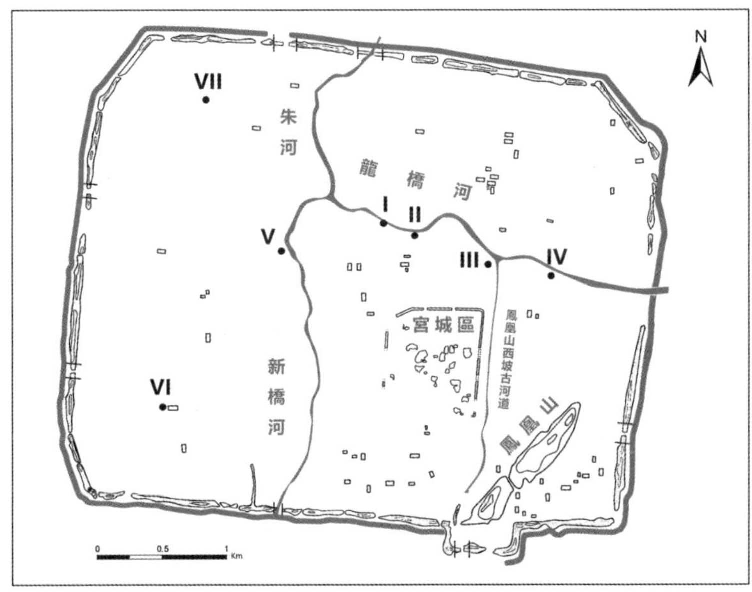

圖六：本章遺址地點在紀南城內的位置（作者據考古報告改繪）

描述來自他的《新論》，是唯一傳世的關於戰國楚都城內景象的記載。然而，《新論》原書已經亡佚，這段文字是從後世古籍《北堂書鈔》和《太平御覽》中輯佚得來的。[2] 它只有這麼一個句子，缺少上下文的語境，它因何而被稱說，修辭與事實的成分又各佔多少，實在難以回答。儘管如此，這段描述影響頗大，常常被當下的文章徵引來佐證楚國都市生活的熱鬧非凡。又有學者受這段話啟發，利用估算的戰國齊都臨淄城內的人口密度（約 18667 人 /km^2），乘以紀南城的面積，推導出郢都頂峰時期的人口約在三十萬左右。[3] 需要指出的是，這個人口密度接近 2023 年埃及第二大城市亞歷山大港的人口密度（18970 人 /km^2），在全球九百八十六個人口超過五十萬的城市

2 《新論》版本流傳的考證，見孫少華：《文本秩序：桓譚與兩漢之際闡釋思想的定性》，北京：中華書局，2019 年。

3 郢都人口的換算，見馬世之：〈略論楚郢都城市人口問題〉，《江漢考古》，1988 年第 1 期，頁 56－61；蔣剛：〈東周時期主要列國都城人口問題研究〉，《文物春秋》，2002 年第 6 期，頁 6－14。

中排名第三十位，是相當靠前的。[4] 但是，人口學者們都清楚，推算歷史時期的城市人口，會因為使用的標準或參數不同而得出迥異的結論。因此，我們同樣難以確定以上郢都人口總數的可靠性。[5]

筆者認為更務實的做法，是先將已有的想像楚都民眾的籠統而宏大的話語 —— 未嘗不是一種先入之見 —— 擱置一邊，回到紀南城內相關遺址所提供的考古材料本身。在這些我們確切掌握的數據基礎之上，審慎地提取「普通人」的信息。以下將先討論並界定誰是「普通人」，然後利用考古發現重構紀南城內普通民眾所創造的「日常生活空間」。我們發現，「日常生活空間」有着自身的組織與發展邏輯，與上一章揭示的紀南城的城市基礎設施和宮城區有着顯

---

4 2023 年全球城市人口密度排行見 *Demographia World Urban Areas (19th Annual: 202308)* http://www.demographia.com/db-worldua.pdf（最後訪問時間：2024 年 9 月 1 日），頁 61。根據該報告，2023 年人口密度最高的城市是非洲索馬里的摩加迪沙，為 33244 人 /km^2。中國香港為 22297 人 /km^2，排第十八位。

5 葛劍雄：《中國人口史 · 第一卷：導論、先秦至南北朝時期》，上海：復旦大學出版社，2002 年，頁 265－312。又見 Colin Renfrew and Paul Bahn, *Archaeology: Theories, Methods, and Practice (6th ed.)* (London: Thames & Hudson, 2012), 454-456.

著的不同。這一點在以往的研究中未能引起足夠的重視。

一、「普通人」難題

「普通人」（commoner）與「精英」（élite）是兩個相對而互補的概念。在戰國的等級社會中，「精英」指在政治（含司法）、軍事或技術（如手工製造、冶煉）等領域中掌握資源並在相應國家組織內佔據重要位置的群體。他們絕大多數是成年男性，擁有官銜或爵位。一般而言，一國國君是級別最高且最具實力的精英。「普通人」則指在這個精英群體之外的所有人口。在歷史現實中，「普通人」與「精英」的界線並非涇渭分明。低級胥吏、低級軍官或工官中的低級工匠，以及精英成員無官無爵的子弟、家人等等，都在不同程度上介於普通人與精英階層之間。在戰國社會流動性較強的地區，普通人也常常能憑藉功績被吸納進入精英階層。可見，「普通人」與「精英」之間存在一定程度的交集。

然而，不平等才是這兩個群體關係的本質。這種不平等影響深遠，使得兩千多年之前的「普通人」，在今日考古學者的研究中仍處於不利的位置。一方面，這裏有觀念的因素。美國考古學者喬伊斯・馬庫斯（Joyce Marcus）曾以瑪雅社會的考古實踐為例，總結了四種研究者潛意識裏對「普通人」的刻板印象：第一，認為「普通人」群體內部同質，彷彿千人一面；第二，認為「普通人」是被動的，傾向於遵循「精英」的指令；第三，認為「普通人」往往保守，很少主動選擇變化；第四，作為前三點的必然推論，認為「普通人」的居住空間彼此高度相似。[6]

另一方面，這也與物質遺存在這兩個群體之間的不平衡分佈有關。比之於「精英」，可用於研究「普通人」的考古材料往往貧乏而且破碎，從中窺出的「普通人」形象也因此顯得模糊而殘缺。比如，在紀南城周邊戰國中期的墓葬中，最低與最高規格墓葬的形態和保存狀況差異懸殊。在規格最低的一批墓葬裏，墓坑平均深約 1.95m，墓底面積均值僅在 $2m^2$ 左

---

6 Joyce Marcus, "Maya Commoners: The Stereotype and the Reality," in *Ancient Maya Commoners*, ed. Jon C. Lohse and Fred Valdez, Jr. (Austin: University of Texas Press, 2004), 255-283.

右。墓內不設槨，只有一棺，有的甚至無棺，隨葬品極少。這代表的很可能就是楚國首都圈的普通人階層。因為製作簡陋、密封性差，這類墓葬中的屍骸一般迅速腐朽殆盡，發掘時已經很難從中提取有效的個體信息。[7]

相比之下，大型楚墓卻能保存驚人的細節。例如，座落在紀南城北邊遠郊的著名的包山二號墓，其墓坑開口達 1097m^2，墓底面積 53m^2，深 12.5m。該墓有二重槨與三重棺層層收殮死者。由於墓穴封閉性良好，墓主的骨骸得以完整保存，經鑒定為三十五至四十五歲的中年男性。根據隨葬的竹簡，墓主當為楚懷王時期的左尹昭佗。[8] 該墓隨葬精美器物計一千九百三十五件，大多保存完好。此處僅舉兩例：墓主生前使用的一件繪有貴族出行圖的漆圓奩（見書前彩圖四），色澤仍舊鮮艷華麗，內出方形和圓形的

7 Dewei Shen, "The First Imperial Transition in China: A Microhistory of Jiangling (369-119 BCE)," 344.

8 湖北省荆沙鐵路考古隊編：《包山楚墓》（上、下冊），北京：文物出版社，1991 年。

銅鏡以及骨笄等與儀表妝容有關的私人物件，是一件盛妝器。不僅如此，此墓還隨葬有墓主私人的木折疊床，與今日的簡易行軍床相仿，展現的生活細節令人驚歎（見書前彩圖五）。漢學家柯鶴立（Constance E. Cook）綜合以上豐富的遺存，為昭佗寫了整整一本傳記。[9] 再如 2013 至 2015 年在紀南城西北新發現的望山橋一號楚墓，其規模與包山二號墓相當。墓主是楚宣王（前 369 年－前 340 年在位）時的中廄尹，骨骼保存較好。對其牙齒的穩定碳和穩定氮同位素分析，甚至揭示出墓主的飲食結構並非典型的南方特徵。[10]

可見，死亡並未能夠抹去生前的不平等。楚國精英群體部分成員的遺存所保留的高質量信息，讓他們因此獲得了超越死亡的存在。相較之下，我們幾乎從未見過楚國普通人相對完整的形象。為了克服凝視紀南城中「普通人」時其形象能見度低的問題，筆者

9 Constance E. Cook, *Death in Ancient China: The Tale of One Man's Journey* (Leiden: Brill, 2017).

10 Yiran Xu et al., "Migration in Bronze Age Southern China: Multidisciplinary Investigations of Elite Chu Burials in Jingzhou," *Antiquity* 96 (2022): 471-478.

引入了「日常生活空間」的概念。某地的「日常生活空間」是指為普通民眾日常活動所塑造的空間。在考古學意義上，這些空間內因為殘留他們集體或個體行為的物質碎片而為我們所察知。普通人在紀南城各處的生活環境不同，各個居住區內的經濟條件也有所差異，他們又從事各種職業，由此形成的日常生活空間的性質與特點也各各不同。正如馬庫斯指出過的，「普通人」並非一個同質的團塊。他們曾經創造並留下痕跡的日常生活空間，也不是沒有個性的自我複製與繁殖。

二、楚都的日常生活空間

本章要考察的七處代表日常生活空間的遺址，如圖六所示，分佈在紀南城內的三大塊片區：地點 I、II、III、IV 分佈在龍橋河一帶，地點 V 在新橋河北部，地點 VI、VII 在紀南城的西半部。受發掘條件限制，這七處遺址面積相加不足整座城址面積的 1%，僅代表紀南城內極小的一部分。與大型建築或者大型墓地不同 —— 大型建築常伴隨着打破、疊壓等複雜的地層關係；而大型墓地則經常出土豐富的隨葬品種類和組合：這兩者都能讓研究者在時間序列上進行較為精細的分期——普通民眾的日常生活空間，特別是在居住高峰不到一個世紀的紀南城，其考古呈現的時間層次較為「扁平」。這些空間中幾十年間的遺物堆積於一處，器物又往往缺乏長時段累積的顯著變化，給重構遺址的發展軌跡帶來了挑戰。然而，在更大規模的發掘實施之前，這些數據是我們目前了解前四世紀至三世紀初楚都普通民眾創造的真實物質景觀的唯一途徑。

需要特別指出的是，當下文提及某個地點的多個遺跡都落入「同一時段」時，並不等於說這些遺跡的使用都是「同時」的，亦即使用的起訖和週期完全相同。若無更詳細的證據，那麼理論上講，它們的使用時間可以在該時段內的任意時點開始或結束。

地點 I：龍橋河西段

地點 I 在龍橋河西段靠近板橋的一塊長約 1000m、寬約 60m 的區域。1975 至 1976 年間為配合河流改道工程，在這片區域內發現了超過二百五十六口井和七座窯址。[11] 由於清理時間緊迫，僅發掘了其中四座窯址和四十八口井（大部分沒有清理到底）。根據出土物，大致判定為東周時期。發現的水井緊密排列，沒有打破現象。判定為東周的水井按照井圈的構築方式，分為四種類型：土井（無任何井圈）、陶圈井（將若干陶製井圈層層放入井中）、竹圈井（用竹子編織成網狀井圈放入井中）和木圈井（鏤空整段樹木作為井圈放入井中）。圖七展示了紀南城內水井出土的一節陶井圈。可以看到陶圈壁中間有一對正對的圓孔。圓孔可能有兩個用途：一是便於井圈下放井中時，繩索穿過提拉；二是放置井內後，圓孔可讓地下水由井壁滲入井內。這四種類型的水井遍佈紀南城與其周邊聚落。據筆者統計，紀南城內外目前為止有較完整報道的戰國古井群共有五處。表一對比了四類水井在這幾處地點各自的數量和佔比。選擇不同的井就是選擇不同的製作成本、使用壽命和水質，可以反

11 地點 I 的發掘信息見楊權喜：〈楚都紀南城東北部發現的古井、窯址和古河道〉，載《楚都紀南城考古資料彙編》，1980 年，頁 70－87；湖北省博物館：〈楚都紀南城的勘查與發掘（下）〉，1982 年，頁 489－497。

圖七：紀南城內戰國水井出土的陶井圈
（作者 2017 年攝於紀南城工作站）

映附近居民群體的一些背景信息。在第四章中我們會進一步詳細比較。

表一：紀南城內外目前發現的五處古井群

位置	遺址	土井	竹圈井	陶圈井	木圈井	總計
紀南城內	龍橋河西段（地點 I）	28%（71）	2%（5）	69%（176）	1%（3）	100%（255）
	龍橋河西段東頭（地點 II）	17%（3）	0%	83%（15）	0%	100%（18）
	新橋河北段（地點 V）	62%（18）	0%	34.5%（10）	3.5%（1）	100%（29）
紀南城郊	張家台遺址（地點 A）	81%（26）	0%	19%（6）	0%	100%（32）
	高台古井群（地點 B）	0%	77%（68）	22%（19）	1%（1）	100%（88）

＊括弧內為實際發現的水井口數

發掘者認為，如此密集的水井，加上附近窯址的存在，以及周圍文化層堆積中的草木灰、紅燒土塊和變形陶器等，説明該處曾是一片製陶作坊區。在一口編號為「河 II（1）」的井中還出有一件修整陶胎用的陶拍和應該是雕刻陶胎花紋用的銅夾刻刀。至於這片作坊區興建於東周具體哪個時段，延續多久，目前無法判斷。當時從五座井中提取了六個樣本做過碳十四測年。現在筆者使用 Oxcal v4.4 程序對當年的數值進行校正後（見〈附錄〉），發現校正數據應該是落入了「哈爾施塔特平台期」（Hallstatt Plateau）的區間，故其數據的分佈異常分散，實際上仍無法建立起這些樣本之間的早晚關係。[12]

此地並非所有的水井都用於製陶汲水。在一座陶圈井（編號「河 I Z12」）下發現了一口腹徑 65cm 以上的陶甕（只剩上半部），大小接近陶井圈的直徑，作用應類似於今日的冰箱，用於冷藏保存食物，特別

---

12 「哈爾施塔特平台期」是指由於歷史上太陽活動的原因，影響到地球大氣中 ^{14}C 的產率，由此導致在今天的放射性碳測年的校正曲線中 ^{14}C 校正結果的波動，從而在日曆紀年的約前 800 年至前 400 年之間出現的一段持續而扁平的平台區。換言之，本身年代應在距今 2450 年周圍的樣本，在放射性碳校正曲線上會落入「哈爾施塔特平台期」，致使無法判斷其具體應在前 800 年至 400 年間的哪一段，嚴重影響到考古學上對應時期內的年代劃分。見 Manuel Calvo Trias et al., "Dying in the Hallstatt Plateau: The Case of Wooden Coffins from Iron Age Necropolises in Mallorca (Balearic Islands, Western Mediterranean) and the Difficulties in Defining Their Chronology," *Archaeological and Anthropological Sciences* (2020) 12: 247.

是在夏季。學者郭德維曾觀察到一直到 1970 年代冰箱普及之前，荊州城內的居民夏天吃西瓜仍舊是先沉入井中冷藏起來。他認為可以此幫助理解這種冷藏井的用法。[13] 另外，在編號為「河 I Z138」的井中發現過完整的核桃，可能是井邊清洗時掉入。又在地點 I 幾乎所有發掘過的井內發現了包括豬、牛在內的獸骨。筆者認為，獸骨倘若不是陶工們的廚餘垃圾，則可能是易腐的肉類食品放入井內保鮮時意外脫落形成。根據以上幾點，筆者推測陶工的工作區與生活區大概並無明顯界線；或者恰恰可能因為製陶業的聚集而形成了配套的生活區，彼此嵌套在一起，既有製陶用井又有生活用井。這裏必須提及普通民眾的房屋問題，至今尚未在紀南城內發現其直接的蹤跡。很顯然，這並不意味着民眾居所的不存在，而很可能是這些房屋使用了廉價的建材和簡陋的搭建方式，故其遺跡在一代人之後就消失不見了。紀南城內普通人的居所形態是未來可以繼續探索的方向。

13　見其《楚都紀南城復原研究》，1999 年，頁 66－71。

地點 II：龍橋河西段東頭南岸

地點 II 在龍橋河西段東頭的南岸低窪地帶。1979 年，這裏發現了十八口古井，其類型的分佈見表一。其中 J82、J84、J89 和 J90 四口陶圈井得到了清理，但只有前三座井的清理結果見諸考古報告並有圖示。[14] 學者王光鎬通過對紀南城內出土的九種日用陶器進行細緻的類型學劃分後，認為水井 J82 的使用期約在前四世紀中期晚段，而井 J84 和 J89 的使用則接近於紀南城的淪陷。[15] 根據發掘報告，這四座井內部的堆積可分上下兩層：上層為黃灰色土，厚約 1.6m 至 1.8m，含有大量瓦片和少量陶殘片。下層為灰黑土，厚約 1.7m，出瓦片比例逐漸減少，而陶器殘片增多。完整的陶器也多出在此層底部，比如常見的用於取水的長頸罐等（圖八）。值得一提的是，這種形

14 地點 II 的發掘信息見陳祖全：〈紀南城一九七九年古井的發掘〉，載《楚都紀南城考古資料彙編》，1980 年，頁 88－97。

15 王光鎬：《楚文化源流新證》，武漢：武漢大學出版社，1988 年，頁 410－414。

圖八：紀南城內出土的戰國繩紋罐和長頸罐
（作者 2017 年攝於紀南城工作站）

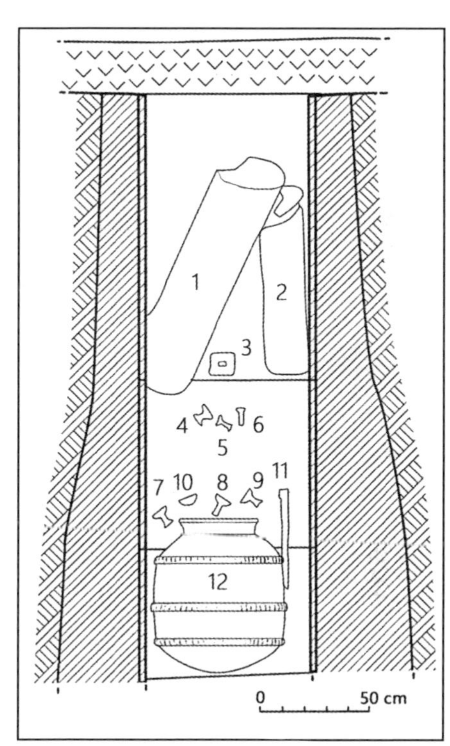

圖九：井 J89 剖面圖：1、2：殘木頭；3：木器座；4－9：陶豆；10：陶盤；11：殘耒耜；12：陶甕（作者據考古報告改製）

制的長頸罐只在江陵地區大量出現。[16] 井 J89 底還有一口製作精美、保存完好的大陶甕，通高 67cm，腹徑 59cm（圖九）。如上所述，這種大型陶容器用於井底冷藏。發掘者指出，這些跡象似乎表明水井因突發變故而遭到遺棄。發掘者的說法較簡略，筆者按其邏輯將推理過程補充完整：即發掘者認為，由於某種意外變故，水井的使用者可能永遠離開了此地。因此，廢棄的井後來可能被當作垃圾坑，上半部被填埋了建材廢料。井的底部因較難受到周遭環境的影響，得以保持廢棄之前使用的狀態。發掘者進一步將這些遺棄的跡象歸因於民眾在秦軍入侵時的逃亡。

以上解釋頗具吸引力，但背後邏輯的細膩程度仍有進一步打磨的必要。這涉及到如何從水井這種最能記錄「日常」的考古遺跡中提取有效信息的方法。首先，因為江漢平原的土壤含水量高，缺乏牢固井圈保護的古井在發掘過程中易於垮塌，出於安全考慮，清理至井底的機會十分有限。再加上搶救性發掘中，

16 需要指出，這種長頸罐曾一度稱作「長頸壺」，本書依照當下稱法而改。

記錄層位信息與出土物的時間倉促，導致目前觀察到的上部有大量瓦片、下部存在完整日用陶器的水井，能用於仔細比對研究成因的樣本稀少。[17] 其次，如果一口井已經遺棄，而後又出現填埋建材廢料的情況——並且這些建材的樣式與之前使用的沒有太大差別——這說明之後又有人群在附近活動，把廢井當成垃圾坑使用。這種情況就使得判斷與「拔郢」事件的關聯變得更加困難：因為水井可能在前 278 年之前相當一段時間就已被廢棄，而在其廢棄後至前 278 年前又搬進來新一波的住戶。再次，除非能確認某地在短時間內出現大量遭永久性遺棄的水井，否則同樣難以認為這種廢棄是出於群體性原因（如集體逃亡），而非僅僅是個別事件造成（如幾戶人家搬離）。總之，水井的廢棄可以指向多種原因。

筆者的觀點認為，廢棄水井內部上層積聚的瓦片，性質並不一定就是填埋的建築垃圾。發掘報告指出以上三座井中，發現筒瓦完整者有五件，板瓦完整

17 劉建業：〈戰國楚都的水井與民生〉，《大眾考古》，2015 年第 10 期，頁 34—37。

者也有兩件，其餘均為碎瓦片。這就需要提兩個重要的問題：第一，碎瓦片的那部分是哪裏來的？或者說，是如何產生的？就筒瓦而言，它既可用於屋頂，也可兩片扣合形成建築內的排水管道。排水管道埋於地下，較難被破壞，所以這些碎瓦片應當來自周圍房屋上損壞的瓦片。破碎的瓦片，正如破碎的陶器，有鋒利的稜角，散落在居住區地面容易傷人；除去挖坑埋掉（因此形成垃圾坑），丟棄在井中也是較好的解決方案。對於破碎的陶器也是如此。這一理論因而也能解釋水井中的碎陶片有些乃出於安全考量，並非水井已經徹底轉變為垃圾坑的證據。

這就導向了第二個問題：井中完整的瓦片，又是哪裏來的？在當時，瓦片是具有價值的人造品。房頂瓦片損壞時，需要前往專門的窯場尋求更換，或者回收利用他處還能用的完好瓦片。里耶秦簡中的一件記事可以作為旁證：前 221 年，一位叫狼的外地人從秦洞庭郡遷陵縣（今湖南省湘西土家族苗族自治州龍山縣）借了一條公船去「求故荊積瓦」，也即去湖南的酉水（如果不是更遠的沅水）沿岸的故楚城址的廢墟搜集瓦片。這條船長「三丈三尺」，即七米多，具有一定的載重。[18] 正因為廢棄房屋上完好的瓦片具有回收再利用的價值，故值得如此大費周章去獲取。筆者由此認為，井中完整的瓦片並非來自丟棄，而很可能是水井年久不用之後，井口上側的井棚設施自然垮塌，造成棚上的瓦片落水形成。井上搭棚的現象在漢代水井的陶模上常見。對於直接開口於地面的水井，若上方無井棚遮蓋，一方面雜物容易掉進井中，另一方面也存在居民跌落的安全隱患。當然，這並不是斷言當時所有水井都有井棚。或許只有那些計劃長期使用的大井、深井，或生活條件較好的居住區，才會傾向在井口投資保護設施。在紀南城東南部的余家垴，1965 年曾發掘過一口戰國水井（編號「 65GSJ2 」），裏面出有完整的筒瓦二十一塊。現在看來，的確很難將這些瓦片與填埋建築廢料的行為聯繫在一起。在未來對戰國水井的發掘中，當發現類似的井內上層有不少完整瓦片的現象時，我們就應特別留意去檢查井口周圍是否存在井棚一類遮擋設施留下的痕跡。

18 王準：〈秦簡牘中若干涉及「荆」「楚」史料與相關問題研究〉，《長江大學學報（社會科學版）》，2017 年第 1 期，頁 37－43。

此外，在井 J82 的下部，發現了一件鐵鐝和兩件耒耜。耒耜一件完好，包含鐵口；另一件僅存木柄。這表明在水井附近應存在耕作和灌溉的活動，有農業或者園圃用地。但目前我們還無法確定這些農藝活動在紀南城內的規模。井 J82 裏還出有一口鐵坩堝（口徑 23.5cm，高 16cm），使用痕跡明顯。或許水井附近也有家庭的甚至臨時的簡易冶煉作坊，製作用於生產的小型金屬工具一類。該井內還出有一件陶紡輪，一件建築上的銅飾件，以及一件銅矛頭。銅矛頭刃部極其鋒利，應不是破損丟棄。另外，在井 J84 中發現一個桃核，以及雞、魚等動物的骨頭。

筆者認為，僅就以上被發掘的井 J82、J84、J89 三口井內所見遺物來看，若對比地點 I 濃厚的製陶氛圍，地點 II 周遭更像是與專門化生產不直接相關的居住區。雖然在如此有限的證據之上不宜建立過多假設，但是否存在一種可能，即在地點 II 聚居的民眾，是經濟地位接近但謀生方式各異的人群？換言之，在這個居住區中，既有農耕者，也有軍隊士卒，甚至可能還有在附近手工業作坊打雜的短工。這種指向人群混居的跡象，在紀南城城郊的高台古井群一帶亦有所見（詳見第四章）。不過，我們還是將這種可能性留待未來掌握更多證據後再作討論。

地點 III：龍橋河中部

地點 III 位於今松柏區龍橋河和松橋水渠的交匯處。1988 年，因村民修建魚池過程中暴露出了大量的遺跡遺物，搶救性發掘了約 80000m^2。[19] 發掘報告稱，在今兩條水道下分別發現了龍橋河古河道與鳳凰山西坡古河道。這兩條古河道交匯口的河道界線相當清晰，似有人工開挖跡象。交匯口河道上部，有一片含大量陶片和草木灰的堆積。發掘者推測其上應曾有一個碼頭性質的建築。這個交匯處位置顯要，控制着鳳凰山西坡古河道，而後者流經向南只有 300m 遠的宮城區的東面。紀南城內外水運的物資，很可能有一部分是通過這個交匯口分流到宮城區內的。

19 地點 III 的發掘信息見湖北省文物考古研究所：〈1988 年楚都紀南城松柏區的勘查與發掘〉，《江漢考古》，1991 年第 4 期，頁 6－15。

交匯處以南約 200m，發掘出了兩座房基 F1 和 F2。兩者都配有筒瓦銜接而成的排水管道。兩座房基的建築部分為西側魚池遮斷，故未能發掘。房址 F1 還有南北兩個夯土平台，周圍鋪設散水，防止對台基的侵蝕。鳳凰山西坡古河道沿岸及房址 F1、F2 更南的地區，存在不少配套設施完善的窯址，包含小型土台、水井及貯藏坑等。在一處土台的灰坑中發現了不少陶豆，但單個陶豆的完整程度根據發掘報告無法判斷，有可能是一個與陶豆生產有關的儲藏坑。該土台中部還發現了兩堆用於製陶的陶泥，離上述灰坑很近。這個土台應該是陶工製陶的場所。

根據地層關係判斷，發掘區有早、晚兩期遺存。根據出土陶片類型推定，此地似乎在前四世紀的大部分時間都在使用。總的來説，與地點 I 的龍橋河西段的遺址類似，此處可能也是一個有一定規模的陶器作坊區。

地點 IV：龍橋河松柏 10 號魚池

地點 IV 位於地點 III 向東越過松橋水渠不遠處的 10 號魚池。1979 年，這裏進行過一次小規模的搶救性發掘，發掘面積僅 12m^2。[20] 結果揭示出上下兩層文化層的堆積：堆積下層主要是陶器遺存，如鬲、盂、豆、盆、甕和各類陶罐，很少瓦片。堆積上層則以房屋的筒瓦和板瓦為主，年代約為前四世紀中期或稍早。這種堆積層次表明，在前四世紀中期之前，這裏已有人居住；到了前四世紀中期之後，該地點出現了比前一時期更多的屋頂敷瓦的建築。堆積上層也發現了一件陶拍。同時，與 10 號魚池相鄰的 7、8 號魚池，在 1990 年初也得到發掘，發現了牆基、散水、下水道和水井等遺跡。發掘者認為這一帶可能是東周一處居民區或街道。筆者推測，到了四世紀中期以後，此處以製陶為主的手工業出現了擴大，敷瓦的建築應該就是新蓋的工坊一類。

值得強調的是，地點 IV 與地點 III 一樣，在楚王宮城區東北 500m，在區位上靠近兩條主要河道交匯點附近的物資集散區。而上述的地點 III 的堆積上層也有顯著的敷瓦建築擴張的跡象，有可能是碼頭設

20 地點 IV 的發掘信息見湖北省文物考古研究所：〈紀南城松柏魚池探掘簡報〉，《江漢考古》，1987 年第 3 期，頁 22－29。

施，且這些跡象也出現在前四世紀中期前後。兩處地點的城市化趨勢的加劇，與楚王宮殿區的建設步伐也大致重合。

地點 V：新橋河魚池

地點 V 位於新橋河北段西岸。1987 年，為配合當地清挖修整魚池的工程，對面積約 33000m^2 區域內二十七處有文化層堆積的地點進行調查。調查結果發現了二十九座水井，清理了其中的二十座；發掘了四座窯址；清理了十四個灰坑中的十二個，以及四條排水管中的兩條。[21] 此外，對一座房址的殘牆基和兩條水溝也進行了調查。這些遺跡分佈在八個魚池中（即 11 號、14 號、19 號、20－24 號魚池）。根據出土陶器的器物組合，發掘者將地點 V 的使用時間分為連續的四期：第一期為戰國之前（春秋晚期），第二期為戰國早期，第三期為戰國中期早段，第四期為戰國

21　地點 V 的發掘信息見湖北省文物考古研究所：〈紀南城新橋遺址〉，《考古學報》，1995 年第 4 期，頁 413－451。

中期晚段至戰國晚期早段。顯然，這些不同的遺跡不能假設為同時存在，但它們的功能表明，地點 V 應是紀南城內普通民眾的日常生活空間之一。其中，24 號和 19 號魚池的遺跡尤其值得我們關注。

24 號魚池的中部和西部發現了三個陶窯 Y1、Y2 和 Y3，以及一個大型灰坑 H11，另外還開了一個探方 T2。這些遺跡單位中發現了大量的日用陶器及當時墓葬中常用的仿銅陶禮器。根據所出陶器的類型，發掘者認為此地的使用時間大約為戰國中期早段至戰國晚期早段。首先，在陶窯 Y1、Y3 和探方 T2 中出土的各式仿銅陶禮器包括了鼎、簠、敦、壺等器型。一般認為在楚式墓中，仿銅陶禮器是銅禮器的廉價替代品，用來標示墓主作為楚國中下層精英的身份。這裏也發現了兩種從未在紀南城周邊中小型戰國墓中出現過的陶鼎，殊為特別：一件出在陶窯 Y1 中，是紀南城內目前發現的最大的陶鼎（Y1 ②：19）。儘管它破損嚴重，計算得出其直徑有 70cm 至 80cm（圖十：上）。另一件是在陶窯 Y3 中發現的裝飾華麗的仿銅陶升鼎（Y3：18），高 22.8cm，直徑 36cm（圖十：下）。據此判斷，自戰國中期開始，此處不但有仿銅

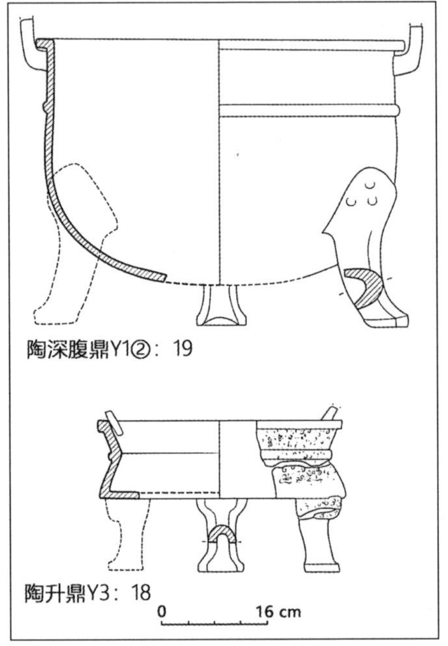

圖十：紀南城內發現的仿銅陶鼎
（作者據考古報告改製）

陶禮器的作坊，而且似乎還可以按精英階層客戶的需求進行訂製。

其次，24 號魚池西部的灰坑 H11 是清理的所有十二個灰坑中最大的一個，出土物也最為豐富。其坑口呈長方形，長 5.24m，寬 4.75m，深度為 0.44m，但西半部因被魚池堤岸所壓，未能清理至邊。該坑的底部具有一定結構，以兩條大致平行的生土埂將坑底隔成三個長條的小土坑。陶器出在中部和東部的小土坑內。該坑內整齊排列着二十個長頸罐及其他日用陶器，如盂、缶和罐等，絕大多數保存完好。除了日用陶器，該坑中還發現仿銅陶禮器，包括兩件陶簠、一件陶壺和一個鼎耳。以上所有陶器應均在當地陶窯 Y1、Y2 和 Y3 中燒製而成，只是存放於 H11 坑中保管而已。

在喪葬空間中，仿銅陶禮器作為隨葬品主要具有禮制符號的意義。因為它們並不在生活中實際使用，所以被歸類為「明器」。在考古器物的分類中，仿銅陶禮器因功能與日用陶器相對，也被單獨分作一類。然而，上述例子表明，在日常生活空間中，特別是在生產的環節上，仿銅陶禮器與日用陶器實際上並無本質區別——它們完全可以來自同一作坊的幾座陶窯。換言之，從日常生活中經濟的價值（而非儀式符號的價值）來看，仿銅陶禮器僅是陶器的一種，甚至大多數因為無需實用而製作粗糙，可能在市場上的價格反而低於日用陶器。這對考古學家理解戰國時代的隨葬品具有重要啟示：與歷來只探討隨葬品意義的方向正相反，我們可以思考，當這些隨葬品從具有高度符號和儀式能量的喪葬空間還原到當時的日常生活空間時，它們是如何被生產和對待的。

由於灰坑 H11 的深度不足半米，且坑壁粗糙未經處理，讓它看起來很像僅是一個臨時的儲藏坑。坑中完整排列的陶器確實顯示出遺棄的跡象。我們進一步發現，H11 的西南角被灰坑 H8 打破，而 H8 內的出土物與 H11 相似，均包含仿銅陶禮器和日用陶器，且器型屬於戰國中期之後。也就是說，在坑 H11 被遺棄後，其西南角又被新的儲藏坑 H8 打破。這表明 H11 的遺棄時間應早於紀南城的最後時刻，遺棄的原因應與「拔郢」無關。

最後我們來看 19 號魚池中發現的水井 J2。井 J2 是紀南城迄今為止唯一一口被徹底發掘到底的水井。

這讓我們對其使用史可以有一個較全面的了解。該井井口開在生土上，現深 6.7m，井口下 1.2m 深的一段已塌陷成喇叭口狀。引人注目的是 J2 的井底，一共發現二十個完好無損、形制幾乎相同的繩紋罐。繩紋罐的特徵是圓腹上印有繩紋，實物樣本可見圖八。根據類型學，這些繩紋罐的年代大約在戰國中期以後。二十個相同的繩紋罐全部出於意外掉入水井的可能性微乎其微，它們很可能是被故意浸入井水的儲藏器。這些罐子可能原本有長繩固定在井口邊緣。井內目前的狀態表明井 J2 是在某個時點被遺棄了。需要注意，井 J2 的上半部分並沒有發現像地點 II 中的四口井裏那樣的建築材料。在這個有趣的例子裏，我們既無法馬上將井 J2 的廢棄與紀南城的淪陷時刻相關聯，也沒有充分的理由去徹底否定這種關聯的可能性——就像這些懸浮在井底、不上也不下的繩紋罐。這種受限於證據導致的推理上的曖昧性，固然無法提供直接有用的信息，但至少提醒我們，應該解放視角，承認過去城市中的日常生活，正如今日，有時會呈現出與重大歷史事件頗為冷淡的關係。紀南城的歷史重要性，既不需要也不可能反映在它的一切物質細節中，尤其是在那些特別日常、特別瑣碎也特別偶然的部分。

檢視井 J2 中之物，可以對民眾在井邊的活動作一個推測。如上所言，這並不意味着這些活動都是同時的。井中發現的銅鍤、鐵鐮、木鏟説明附近有農事活動。其中銅鍤正面陽鑄一「王」字。在宮城區台基 S30 的房址 F1 上的遺物裏，也發現過一把已殘的銅刻刀，一側鑄有「王」字。「王」字銘文的工具可能是楚王鑄造作坊統一生產分發的器具。井 J2 中還發現一條長 177cm、寬 4cm 的木扁擔，可能用於負重繩紋罐一類的汲水器。最有意思的是此井中的一件銅天平盤，周邊有四個繫繩小孔，口徑 8cm。在紀南城東南的余家垴水井中，曾發現過小型的銅砝碼。這種銅天平配套系列砝碼在湖南和湖北的楚墓中有時會見到整套隨葬，用於稱量貨幣。以此推測，紀南城內的水井附近，可能存在市集貿易的行為；而在此過程中，發生了個別銅天平盤或銅砝碼不小心落入井中的現象。不作這樣理解，便很難解釋為何這種精密的稱量器具會出現在井中。

此外，我們也注意到紀南城戰國時期的遺存裏，銅製工具與鐵製工具在功能和數量上的分化。大部分的生產工具為鐵器，例子有上述的鐵鐮和地點 II 井中出的耒耜鐵口、鐵钁、鐵削刀等等。而銅合金因化學穩定性強，與鐵相比不易鏽爛，此時更多被拿來製作有較精密用途的工具，比如天平秤盤、銅魚鉤、銅針，還有銅刻刀等等。相反，在紀南城周邊的墓葬裏，雖然有少量銅農具被作為隨葬品，但幾乎不見鐵製農具。[22]

地點 VI：紀南城西南部

地點 VI 是一個夯土台基，位於紀南城的西南部，南距南城垣 700m，西距西城垣 800m，遠離東半部的河流區域和宮城區。村民將之稱作「陳家台」。對陳家台的建築結構和出土物的分析顯示，它應該是紀南城目前發現的唯一一處戰國的冶煉作坊，專門製造錫製品。[23]

---

22 楊權喜：〈東周時代楚郢都的農業生產考略〉，《農業考古》，1990 年第 2 期，頁 111－120。

23 地點 VI 的發掘信息見湖北省博物館：〈楚都紀南城的勘查與發掘（下）〉，1982 年，頁 485－489。

陳家台的台基東西長 80m，南北寬 20m，西南部分被保存了下來。在台基上發現了八個柱洞，分兩排平行排列，東邊還有一段殘牆。這些組合特徵表明當時台基上有一座屋頂敷瓦的建築。緊靠台基南邊緣的是一條碎瓦片鋪就的散水，總寬約 5m。散水的南邊緣又有一條東西向的水溝，寬 2m 左右，深 1.8m 以上。在水溝和散水之間還有一道堆砌的瓦片層，可能是台基上建築展開的南側屋簷，在坍塌後瓦片掉落形成的建築廢料。

在台基的西北側和東側各發現鑄爐一座，僅剩爐底。其中一號爐同時打破夯土層與生土層，説明應該是在台基建成後往下掏土建成，其爐底發現錫攀釘三件。這種錫攀釘在江陵中型以上的楚墓中常見，用於固定兩塊拼裝的厚重的槨蓋板。二號鑄爐則只打破了生土層，有可能是此作坊產能擴大後增建的產物。在其爐底發現一層錫渣，有的錫渣已滲入到生土層內。在陳家台的台基四周，還發現散落的錫渣、銅渣、紅燒土和泥製的鼓風管。雖然無法確定陳家台的使用在戰國的哪一個時段，但它作為紀南城西南部的冶煉作坊的功能則是毋庸置疑的。在陳家台東北方向的小堤子至王家灣一帶還出土過錫餅和錫塊。未來若能繼續在楚都西南部分做發掘的工作，可以對廓清紀南城內不同片區的產業功能分佈有所幫助。

地點 VII：紀南城西北部

地點 VII 位於紀南城內西北部，距西北城垣的拐角處約 650m。此處在紀南城內地勢的較高點，僅次於鳳凰山，故稱「摩天嶺」。為進一步了解紀南城內的文化堆積，1981 年在此處發掘了 34m^2。結果顯示，摩天嶺遺址的文化層較薄，遺物不甚豐富。[24] 主要文化堆積可分兩層：上層是東周文化層，下層為西周文化層。與地點 I 類似，地點 VII 一帶在被納入楚國都城規劃之前已有人居住。同時，較薄的文化堆積說明，與紀南城的東半部區域相比，這裏可能是一個人口稀疏的地方。

---

24 地點 VII 的發掘信息見湖北省博物館江陵工作站：〈江陵縣紀南城摩天嶺遺址試掘簡報〉，《江漢考古》，1988 年第 2 期，頁 6－11。

三、討論：接受瑣碎與偶然

本章通過綜合分析紀南城內七處普通人群體的遺址，對日常生活空間有如下幾點發現：

第一，楚都的日常生活空間既受到城市化浪潮的影響，又創造性地回應了這股潮流。對地點 III 和地點 IV 的分析顯示，它們所在的河口地帶是紀南城東部的水路運輸集散地。在前四世紀中期前後，這一區域受到宮城區內城市化加速的影響，出現了敷瓦建築（包括碼頭）規模擴大的跡象。與此同時，龍橋河西段製陶業的密集化發展，可能也是這股城市化浪潮的產物。或許因為製陶產業的聚集，像地點 I 這些地方自發形成了工作區與生活區相互嵌套的居住生態。

第二，楚都的日常生活空間內部並非均質。首先，紀南城並非所有部分都是「城市」，還包括農業或園圃用地，如地點 II 與地點 V 的一些區域。未來的研究若能明確城內農田佔比及農業人口的大致規模，將有助於深化我們對戰國都市內部土地結構的理解。其次，以上討論的幾處遺址表明，楚都不同區域因其優勢各異，使用方式也各不相同。再就人口密度而言，以朱河與新橋河為界，城區的東半部在相當長一段時間內可能遠高於西半部。[25]

第三，楚都的日常生活空間是「生」的空間。以往墓葬即「死」的空間中見到的物品，其意義在「生」的空間中截然不同。在墓葬中，仿銅陶禮器和日用陶器的符號意義是對立的；但在日常生活空間中，兩者可以在同一陶器作坊裏生產。類似地，紀南城周邊戰國墓葬中發現的農具多為銅製，極少看到鐵製農具隨葬；但在日常生活中恰恰相反，後者的使用遠比前者普遍。要之，日常生活空間為我們提供了重新思考墓葬中物品含義的機會。

第四，楚都的日常生活空間有其自身的節奏和邏輯。例如，紀南城中不少水井呈現出似乎原封不動被遺棄的現象。其中的原因是多樣的，可能只是個體舉家搬遷的結果，未必都能歸結到居民集體逃避秦禍的原因。地點 V 的儲藏坑 H11 更證明了這一點：它只是在「拔郢」之前的某段日常時間之中，因為使用功

25　關於城址佈局「重東輕西」的觀察，見聞磊〈楚都紀南城若干問題思考〉，載《楚文化研究論集》（第十三集），上海：上海古籍出版社，2018 年，頁 56。

能完成後被廢棄而形成，並無其他特殊含義。

這或許正是「日常生活空間」的特質與本質所在：瑣碎且充斥着偶然。偶然地將汲水器掉落井中，偶然地遺失一件工具在地面。沒有這些剎那間興滅的行為，紀南城中相當一部分日常遺跡甚至不會形成。將這些偶然性放在一起考察，的確瑣碎到沒有明確的故事線，也無法將之整合進「更大」、「更有意義」的紀南城事件（如「拔郢」）或過程（如「城市化」）；但是，它們讓我們觸碰到了已逝社會中普通人群體的真實的脈搏。未來我們應該去發展更多的理論工具，並結合實驗考古的方法，來更敏銳、更準確地解讀這些在傳統視角看來「純屬偶然」的遺跡。總之，楚都的日常生活空間有其自身的機制；雖然它缺乏大型基建設施的設計感，也沒有宮殿區的形式美感，但它蘊藏着作為紀南城人口主體的普通民眾的寶貴信息。

第四章

發現「城郊」

1983 年的盛夏，作家高行健出江陵縣城（今荊州市區）向北騎行，打算去參觀楚故都紀南城遺址。他認為，如果「離開江陵之前不去憑弔一番，會是一種遺憾」。以下是他在獲得 2000 年諾貝爾文學獎的自傳性質的小說《靈山》中，對這段騎行旅程的描寫：

> 城外，幾塊尚未收割的稻田裏澄黃的稻穀沉甸甸已經熟透，收割過的田裏新插上的晚稻也青綠油亮。路上和田裏空無一人，人此時都還在自家屋裏歇涼，車輛也幾乎見不到。
>
> 我騎車在公路中央，路面蒸騰着一股股像火焰一樣透明的氣浪。我汗流浹背，乾脆脫了濕透了的圓領衫，頂在頭上遮點太陽。騎快了，汗衫飄揚起來，耳邊多少

有點濕風。

旱地裏的棉花開着大朵大朵紅的黃的花，掛着一串串白花的全是芝麻。明晃晃的陽光下異常寂靜，奇怪的是知了和青蛙都不怎麼叫喚。

騎着騎着，短褲也濕透了，緊緊貼在腿上，脫了才好，騎起車來該多痛快。我不免想起早年間見過的脫得赤條條車水的農民，曬得烏黑的臂膀搭在水車的杠子上，倒也率性而自然。他們見婦人家從田邊路過，便唱起淫詞小調，並無多少惡意，女人聽了只是抿嘴笑笑，唱的人倒也解乏，可不就是這類民歌的來歷？這一帶正是田間號子「薅草鑼鼓」的故鄉，不過如今不用水車，改為電動抽水機排灌，再也見不到這類景象。[1]

1 高行健：《靈山》，香港：天地圖書有限公司，2000年，頁302－303。

高行健提及的「公路」，指的正是 207 國道。它連接了今日荊州古城的大北門與當時設在紀南城南垣東門的考古工作站。他沿着 207 國道穿越的這片區域，既是荊州古城的北郊，也是兩千多年前楚國郢都的南郊。在以上細膩的描寫中，作為一個現代人的高行健對「城郊」景觀的理解，恰如當下大多數人的感知：廣袤的農田，豐盈的作物，農民在此居住，與農事相關的活動主導着文化的氛圍。他的文字裏，「城郊」正是被當作「城市」的反面鏡像來認知和感懷的：如果「城市」是什麼，那麼「城郊」就剛好不是什麼。恰恰因為如此，在高行健看來，現代化技術的侵入，比如利用電抽水機排灌，導致了典型的「城郊」風情正在逐漸褪色。與此相關，本章要探討的問題是：戰國時期紀南城的城郊是怎樣的？是否也是如此？它與楚都之間的關係又是如何？

若回顧中國古代城市考古的學術史，其關注重點一直是城址本身或說城址內部，取得了許多重大的成果。然而，處在城牆之外但又與城邑內部生活發生密切聯繫的城郊，其上發現的遺跡和遺物或由於材料零碎，或由於出土物過於普通，始終未被當作一個獨立的空間單元得到研究者的重視。[2] 這也反過來影響了我們去更全面地理解古代都市如紀南城城址的總體佈局與特點。本章將把目光從城內移向城外，聚焦到楚都的東郊和南郊，一塊在紀南城南垣和東垣以外、南抵今荊州城北（戰國時長江的所在）、東南至郢城遺址的區域。這塊區域內有十九處已經探明的東周遺址（圖十一）。我們的目的是要去重新發現並描繪紀南城的「城郊」空間。

一、早期「郊」概念批判

在早期文獻的語境中，「郊」一詞一般泛指大型城邑以外的空間，這與現代漢語中的「城郊」——被定義為「靠近城市的區域」[3] ——在意涵上具有較好的匹配度。然而，早期「郊」概念採取的是一種靜態的視角，往往強調禮制上和軍事上的功用，而忽視其上

---

2 Lothar von Falkenhausen, "The Economic Role of Cities in Eastern Zhou China," *Archaeological Research in Asia* 14 (2018): 161-169.

3 漢語大詞典編輯委員會／漢語大詞典編纂處：《漢語大詞典》（第二卷），香港：三聯書店／上海：上海辭書出版社，1987 年，頁 1096。

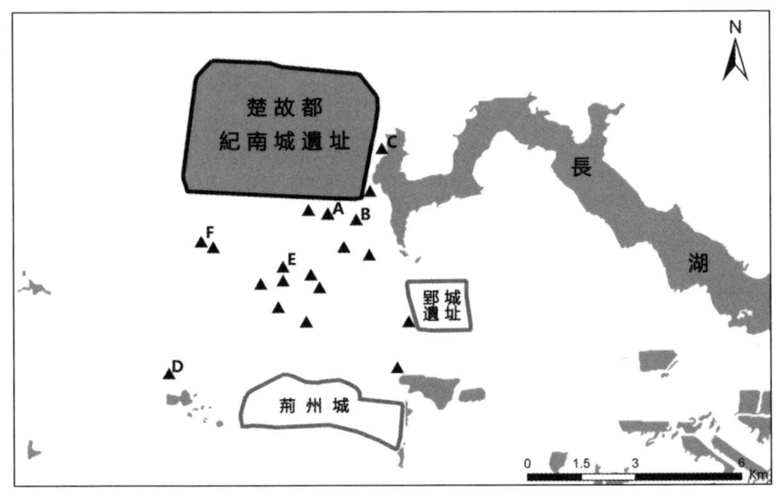

圖十一：紀南城東郊和南郊探明的十九處東周遺址（作者繪製）

發生的日常活動的動態，有其認知上的局限性。故而在進入對紀南城城郊空間的實證性分析之前，有必要對早期「郊」概念作一個簡短的反思性回顧。

首先，在兩漢及更早的文獻中，「郊」都是指相對於大型城邑而言的城外空間。這裏的大型城邑指的是國都（含王城）與其他主要都邑級別的聚落，通常（雖然不是必定）都有城牆圈圍。像紀南城遺址便是這類城邑的典型代表。這裏輯錄五條研究「郊」時常被稱引的重要文獻：

a.《說文．郊》認為「距國百里為郊」[4]；

b. 鄭玄注《周禮．秋官》「正歲，帥其屬而憲禁令於國，及郊野」句，認為「去國百里為郊，郊外謂之野」[5]；

c.《爾雅．釋地》認為「邑外謂之郊，郊外謂之牧，牧外謂之野，野外謂之林，林外謂之坰」[6]；

---

4 〔漢〕許慎：《說文解字》，北京：中華書局，1963 年，頁 132。

5 〔清〕阮元校刻：《十三經注疏》，北京：中華書局，1980 年，頁 875。

6 同上，頁 2616。

d. 宋人邢昺《爾雅疏》針對上條，認為「此釋郊野之地，遠近高下不同之名也。云『邑外謂之郊者』，邑，國都也，謂國都城之外名郊也」[7]；

e. 鄭玄注《周禮・地官》「載師」條下「以宅田、士田、賈田任近郊之地，以官田、牛田、賞田、牧田任遠郊之地」句，引杜子春的「五十里為近郊，百里為遠郊」進行解釋。[8]

綜上文獻，我們可以比較圓通地認為，在早期觀念中，大型城邑的城郭之外即為「郊」，只不過離城郭近些的可視為「近郊」，而鄭玄說的「野」或者《爾雅・釋地》中的「牧」、「野」、「林」和「坰」等遠離的部分，可歸為「遠郊」。[9] 反之，小型城邑似乎

7 同上。

8 同上，頁 725。

9 類似這種對早期城邑空間更加靈活的看法，清人焦循已有很好的總結，錄此以備參考：「國有三解：其一，大曰邦，小曰國……其一，郊內曰國……其一，城中曰國……蓋合天下言之，則每一封為一國。而就一國言之，則郊以內為國，外為野。就郊以內言之，又城內為國，城外為野。蓋單舉之則相統，並舉之則各屬也。」見其著《群經宮室圖》，上海：上海古籍出版社，1995 年，頁 15。

沒有區分出「郊」的必要，因為它們往往就分佈在毗鄰的大型城邑的「郊」上。作為次級附屬的聚落，其本身就是「郊」的一部分。比如《左傳》「哀公七年」下記載，曹國的司城公孫強「築五邑於其郊，曰黍丘、揖丘、大城、鍾、邘」。[10] 這五座防禦性質的類似「郊保」的小型城邑，它們既位在曹都之「郊」，自然本身便無「郊」可言。

其次，古代城郊在歷史過程中對應的是一個動態變化而非靜止的城外空間。規定離開城郭多少里為「郊」，比如上引的五十里和百里（還有二十里、九里和三里等[11]），這些靜態的數字顯然是不能拘泥的。[12] 哪怕是同一處古代城邑，其城郊的界限也往往處在經常的變動之中。比如位於今陝西寶雞市鳳翔區

10 楊伯峻：《春秋左傳注》，北京：中華書局，1995 年，頁 1646。

11 鄭玄注《禮記．王制》「大學在郊」句下引用《尚書傳》：「百里之國，二十里之郊。七十里之國，九里之郊。五十里之國，三里之郊。」見《十三經注疏》，1980 年，頁 1332。

12 這種規定，如果不是出自成書年代仍富爭議的傳世文獻中關於城邑禮制等級的論述，便是基於兩漢及後世經學家的闡釋。總之，這般的規定無一來自確定為當時發佈並被執行的行政或律令文書，其細節的真實性和準確性值得懷疑。

的秦國故都雍城遺址，正式啟用於秦德公元年（前677年），但在使用近兩百多年後才圈築城牆。在這期間，雍城聚落的中心區從東南往西北不斷擴張，城郊也隨之被不斷向北推擠。結果之一，便是原先作為小型秦人墓葬區的城北郊，最後也被圈入城郭之中，亦即之前的城郊被劃入到了之後的城內。[13] 在第二章中提過的紀南城內西北部發現的東嶽廟和陝家灣早到春秋中期前後的墓葬，也經歷過相似的過程。顯而易見，城郊是有機的和變動的城外空間，其發展局面受到多重因素的影響（生態環境、人口規模、統治者的經營策略、突發性事件如戰爭的衝擊等等）。試圖找出一個取消了時空特質的固定的距離長度，認為這個距離範圍對應着一個穩定的「郊」的認知方法，是無法揭示真實歷史過程的。

再次，雖然考古研究的推進展示出古代城郊空間發生的日常活動豐富而且多樣（下詳），早期的「郊」

13 田亞岐：〈秦都雍城佈局研究〉，《考古與文物》，2013年第5期，頁63－71；田亞岐等人：〈秦雍城城郭形態與演變的新觀察〉，《秦始皇帝陵博物院》，2015年總第5輯，頁66－76。

這個概念卻幾乎無法傳達這一特徵。在傳世文獻中，「郊」主要以兩類面貌出現：其一，作為一個物理的空間，經常因為軍隊的駐紮或交戰而被提及，比如《戰國策．魏四》中說臣唐雎提到的「齊、楚之兵已在魏郊矣」。其二，作為儀式活動的場所，比如「郊祀」的大典，對歸來軍隊的「郊勞」，和對重要人物的「郊迎」之類。但哪怕是這兩種情形，在早期文獻的記載中也只是匆匆帶過，遑論對城郊日常生活層面活潑情狀的描述。可以說，早期「郊」概念對「戎」與「祀」這兩類「國之大事」的執着，反過來極大限制了現代研究者對當時真實城郊活動的想像力。

以上針對早期文獻所見「郊」概念的特點與局限，梳理出了一個有助於理解早期城郊空間結構的更富彈性的理論模型。以下我們希望將紀南城東郊和南郊區域的考古遺存放在這個理論模型的框架之內來理解，尤其要關注城郊居住的人群，揭示其與中心都城之間複雜而變動的關係。這個新的視角不限於僅僅關注古代城邑的軍事防禦性與禮制等級性的維度，可以為更加全面地理解紀南城這樣的超級大都市提供新的發現。

二、郢都郊外見聞

郢都的東郊和南郊上已刊佈的屬於東周的遺址共有十九處，其中有詳細發掘報告的遺址有六處（圖十一：A－F）。它們距離紀南城的遠近不同，遺址的主要功能有所區別，其上居住的人群性質亦有不同。這六個遺址的使用高峰期都在戰國中期前後，與觀察到的紀南城內戰國中期以降加速了的城市化進程總體上是協同的；但以下也會指出其間微妙的差別。我們將對這六處遺址進行微觀層面的重構，建立起一些認識上的座標點，用以感知若在兩千多年前步出紀南城、進入城郊時可能的所見所聞。

遺址 A：近郊平民區

遺址 A 為張家台遺址，位於紀南城南城垣南約 700m 處。經過勘測，遺址大致為長方形分佈，總面積約 $90000m^2$。2010 年實際發掘了 $1050m^2$，共發現灰坑六十個，灰溝九條，水井三十二口，沒有發現房址。發掘者根據地層關係和出土陶器的類型，將張家台遺址年代分成兩期：前期「年代上限不早於戰國早期晚段，下限為戰國中期前段」；後期「年代上限為戰國中期後段，下限不晚於戰國晚期前段（不晚於公元前 278 年白起拔郢）」。[14]

首先，根據發掘者的判斷，三十二口井都為生活用井。筆者進一步發現，從前期到後期，該遺址的生活用井數量出現了銳減，由原先的二十六口變成後來的七口。這個趨勢似乎表明，在戰國中期偏晚的時段之後，該處作為生活居住空間的功能正變得愈來愈弱。

其次，在張家台遺址發現的總數為一千零八片的陶器遺存中，豆、盆和鬲這三種器型佔比最大，相加接近 70%，説明作為基本的飲食、日常用器，當時生活中對它們的需求量很大。有意思的是，在進一步統計灰坑中的遺物之後（表二），筆者發現這三種器型的每一種所佔前期與後期日常陶器遺存的比例，其實差別很小。換言之，豆、盆和鬲三者在日常生活中的搭配存在着比較固定的比例，並不隨時間而顯著變化。

---

14 遺址 A 的發掘信息見湖北省文物局 / 湖北省南水北調管理局：《荊州張家台遺址》，北京：科學出版社，2018 年，頁 313。

表二：張家台遺址灰坑所出陶片的分析

器型	佔前期 灰坑陶片	佔後期 灰坑陶片	後期灰坑陶片 相比前期
豆	29% （56）	24% （26）	-54%
盆	22% （43）	23% （25）	-42%
鬲	19% （37）	19% （21）	-43%
灰坑所有陶片	100% （193）	100% （110）	-43%

＊括弧內為實際發現的陶片數量

然而，若橫向比較陶器遺存的數量，則後期的灰坑在座數比前期灰坑增多 31%（二十六座→三十四座）的前提下，所出陶片的總量卻比前期減少了 40% 以上，豆、盆和鬲都是如此。陶豆碎片的量，後期更比前期減少一半還多。這說明後期灰坑的總體使用頻率明顯降低。一種可能性是張家台遺址後期的居民人數大幅下滑，導致累積的作為使用殘留的陶片總量顯著減少。這種理解與上述生活用井數量銳減的現象也是相洽的。

再次，建材（筒瓦、板瓦和瓦當）的碎片一共才發現五十六片，在陶器遺存中佔比不到6%。這反映出該處或其附近可能幾無屋頂敷瓦的較高級建築，或者此類建築的規模（按屋頂面積算）很小。除去陶器，張家台遺址也發現了少量生產工具，主要出自水井，包括鐵斧、鐵錘、鐵削刀、石鑿、石斧等。

要之，張家台遺址已發掘區域是紀南城近郊一處普通平民生活區的一部分，其上並無可觀的建築設施，使用者應該大部分是與生產活動有關的人口。它在戰國中期晚段以後，經歷了一個生活用井銳減、遺址總體使用頻率也較前期顯著降低的過程。遺址周邊人口流失的可能性不能排除。

遺址 B：近郊吏民生活設施

遺址 B 為高台古井群遺址，位於紀南城南 1000m 處，2011 年發掘了八十八座古井。發掘者據出土物判斷高台古井群的使用始於戰國早、中期，興盛於戰國中期或偏晚一些，沿用至秦漢。[15]

---

15 遺址 B 的發掘信息見荆州博物館：〈湖北荆州高台古井群 2012 年考古發掘簡報〉，《西部考古》，2018 年第 2 期，頁 29－59。

在第二章中提過，紀南城內外目前已有較完整報道的戰國古井群共有五處（表一）。有趣的是，在城內和城郊之間，土井、竹圈井、陶圈井和木圈井這四類水井的比例存在明顯的反差。如表一顯示，總體的趨勢，是紀南城內遺址的陶圈井採用率明顯高於城郊，而城郊對土井和竹圈井的採用率則遠高於城內。在這一總體趨勢下，楚都城內各地點之間的井類型選擇仍有差異。在靠近宮城區的龍橋河一段，超過三分之二的古井採用了下沉陶井圈保護水井內壁的做法。然而，在離宮城區較遠的新橋河北段，陶圈井比例突然下降，土井比例則大幅上升。在城郊的張家台遺址和高台古井群遺址，陶井佔比進一步下降。值得注意的是，城郊各遺址對陶井以外的井類型的偏好也並不相同：高台遺址的使用者明顯傾向於建造竹圈井（佔比 77%），而鄰近的張家台遺址，八成以上都是不帶任何防塌陷措施的簡陋土井（表一）。

以上現象，筆者推測，可能與兩個因素有關：

第一，陶井圈不同於小型陶器，其體積頗大，需要較大的陶窯才能燒製。因為製作上有一定難度，故只有當需求達到一定規模時，才會形成值得生產的正反饋。如第二章指出的，龍橋河一帶分佈着密集的製陶作坊，製陶業本身對水質清澈度要求較高，地下水源需要井圈的過濾，故對於陶圈井有較高需求，從而促成了陶井圈的批量生產和使用。然而，在新橋河北段的地點 V，該處陶作坊規模有限，因而生產和採用陶井圈的動機都較低，由此也導致陶圈井比重下降。城郊的張家台與高台遺址更是如此，不僅遠離如龍橋河西段那樣的大型製陶產業區，而且遺址上沒有發現陶窯，水井的用途大概率也與製陶無關，故其對陶圈井的採用率偏低。

第二，這也與使用遺址的人群性質有關。土井、竹圈井、陶圈井和木圈井對淤泥的過濾能力（和由此獲得的井水品質）是依次遞增的；相應地，造井成本也次第升高。木圈井的製造成本最高，所以極為罕見。2012 年在紀南城南 1500m 處發掘的拍馬古井 J1，其井圈就是由一整根圓木（殘長 305cm）鏤空而成，製作工藝複雜。可見各類水井在遺址中的比重，間接也可反映出該遺址人群的總體生活品質（與對此種品質的負擔能力）。同處城郊的高台遺址有大量的竹圈井和不少陶圈井，沒有土井，而張家台遺址則恰恰相反。這暗示高台遺址的使用人群，其生活品質，至少就與用水相關的方面而言，平均應高於張家台遺址。

此外必須提及的，是在高台古井群內的兩口井中發現了書寫工具：出自井 J84 的石硯和井 J67 的三枚楚簡。這三枚楚簡可能為廢棄的行政文書簡。這也是第一次在水井中發現楚簡。在高台古井中同時出了一些掉落的與精英禮儀和妝容有關的銅器，比如銅匜、銅簪與銅鏡。這些都為張家台遺址所不見。筆者因此推測，高台古井群一帶應有任職楚都的（低級）官吏居住，其步行一公里即可由楚都東南角的城門（即南垣東門）入城。在第二章中我們提到，南垣東門和鳳凰山一帶的使用者可能是楚國的政治精英。現在聯繫高台遺址的發現，筆者認為紀南城東南角可能有一部分也是楚都行政官吏的官署，這些官吏平日就在近郊生活與通勤。同時，高台古井裏還發現少量鐵質的生產工具如鐽、斧和鍤等，說明這些水井周圍應是一個既有楚國的胥吏又有從事生產活動的農民居住與汲水的比較有機的城郊社區。

遺址 C：近郊陶作坊

遺址 C 為毛家山遺址，在紀南城東垣外約 200m 處，東臨鄧家湖，並高出湖面 3m 至 4m。[16] 該地點是 1975 年春為了解紀南城城內與城外遺址關係作的試探性發掘，發現了東周（主要是戰國）時代的遺存。遺存主要包括一座陶窯、兩口水井和一個灰坑。這四個遺跡彼此之間相距僅數米，組合形成近郊一處簡易的製陶作坊。在窯址 Y1 的火膛南部堆滿了二十多個尚未燒好的陶豆，説明其燒製過程可能因為意外事件而中斷，而陶工等人離去後再也沒有回來收拾殘局。圓形灰坑 H1 在陶窯以南 1m，其直徑 1.2m，深約 1m，下半部填滿褐色的膠泥，純淨而緻密，這應是為製陶作準備的和泥、儲泥之處。該坑上半部則是廢棄之後的堆積。鄰近的水井一口為陶井 Z1，一口為土井 Z2，當都為製陶用井。

首先，從毛家山製陶作坊的位置和規模來看，它不可能是為城內生產陶豆的場所。它更像是只為楚都

16 遺址 C 的發掘信息見紀南城文物考古發掘隊：〈江陵毛家山發掘記〉，《考古》，1977 年第 3 期，頁 158－169、209。

東垣外郊區附近的聚落燒製一些陶豆的小作坊。其次，整個陶器作坊因某種原因突然被遺棄，但由於斷代精度的問題，無法判斷遺棄發生在戰國哪一時段。筆者推測，這樣的小型簡易的陶作坊因為生產的是日用陶器，在紀南城城內自不用說，在城郊——至少是近郊——大約也有不少。例如，在毛家山遺址以南約 1.7km 處，為紀南城東南護城河外魚塘；魚塘乾涸時，底部岸邊會暴露大量東周的筒瓦、板瓦。這其中不少為燒製變形者，同時發現大塊紅燒土，卻極少見到生活器物的碎片，應該是一處燒製瓦片的陶窯。[17] 未來若有機會估算一座這樣的陶窯一般可供給多少戶人家對產品的需求，那麼當再發現此種陶窯時，就能大致了解周圍人口的數量。另外，紀南城城郊陶工生產的同類陶器，與城內陶工所生產的在形制、紋飾和技藝等方面的異同，也是未來可以考察的題目。

17 湖北省文物考古研究所：〈2011－2015 楚都紀南城考古工作報告〉，2017 年，頁 235。

遺址 D：城郊居住區

遺址 D 為荊南寺遺址，在紀南城西南約 5.5km 處。該遺址前後七個年度一共發掘了近 $3000m^2$，文化層堆積深厚，可區分出六個文化層，分別屬於大溪文化、石家河文化、夏商、西周、東周與西漢及之後時期的考古學文化。[18] 其中「東周時期的文化層較厚，整個遺址都有分佈」。在東周的地層中，一共發現五座房址、二十一座灰坑、四條灰溝和十七口水井。經過對出土陶器類型的比較分析，發掘者認為東周時期遺存的年代為戰國早期延續到晚期，以戰國中期為主。這個發展趨勢與整個紀南城的城市化節奏是比較接近的。

根據發掘報告，在戰國的文化層裏，除去各種日用陶器，發現的板瓦和筒瓦的數量極多，説明此處有屋頂覆瓦的建築群。五座房址中 F2 房基保存較好，為紀南城外目前發現的唯一一座可以辨認的戰國房址。房址南北長 610cm，東西寬 575cm，上有柱洞七

18　遺址 D 的發掘信息見荊州博物館：《荊州紀南寺》，北京：文物出版社，2009 年。

個。該房房基是當時挖出淺坑後，填土進行夯實，居住面上又鋪 5cm 至 10cm 厚的土，比較講究。荊南寺遺址的探方內也出了一枚東周的銅衣鉤和一件殘銅勺，距離 F2 僅約 10m 左右。

可以說，荊南寺遺址是一處與紀南城大約同時期的城郊居住區。該遺址與楚都相對距離較遠（約一小時的直線步行時間），其上較高級建築群的存在，以及殘存少量的與儀表和禮儀有關的銅器遺物，說明這裏應有與楚都發生關聯的精英居住。

遺址 E 與遺址 F：城郊禮制設施

紀南城南郊除去分佈有類似以上所提的幾處居住、生產的聚落外，也發現了用於某種儀式的禮制設施。其中最著名的莫過於遺址 E，即紅光村圓土台遺址；和遺址 F，即拍馬山紅土地台基遺址。

1970 年在紀南城南 2km 處發現二十五件彩繪石磬（見書前彩圖六）。這批石磬出自紅光村一個直徑約 20m 的圓土台內。該圓土台高出地面約 2m，石磬出於土台下層的戰國文化層，同層含有戰國筒瓦等物。出土時「磬的股部兩兩相接，整齊地疊置成半圓形」。[19] 發掘者由此判斷其為有意埋藏。一般認為此處當為楚國貴族在南郊的祭祀場所。至於祭祀的性質與對象，目前證據有限，並不能確定。需要指出，這個圓土台作為禮制設施不同於祭祀坑，因為彩繪石磬並無被埋入地面以下，而且也沒有像其他的祭祀坑那樣伴出犧牲的獸骨等。筒瓦等遺物説明戰國時土台上可能有一些建築。

拍馬山紅土地二號台基遺址較少受到關注。它位於紀南城西南 1.5km 處，東距紅光村圓土台亦 1.5km。1993 年為配合公路建設得以發掘，其性質亦為楚國南郊的一處禮制建築。[20] 二號台基頗具規模，接近正方形，邊長 94m 左右。根據發掘者對該台基出土物的分析，應興建於戰國早期，廢棄於戰國中期偏晚。台基的夯土使用了修整精細的楠木柱為夾築地梁，用工講究，規格很高，而且台基表面沒有柱洞。

---

19 遺址 E 的發掘信息見湖北省博物館：〈湖北江陵發現的楚國彩繪石編磬及其相關問題〉，《考古》，1972 年第 3 期，頁 41－48。

20 遺址 F 的發掘信息見何駑：〈江陵拍馬山紅土地台基的時代與功能〉，《考古與文物》，1997 年第 6 期，頁 38－47。

發掘者何駑據此認為這應是一個無牆無屋頂的開放式大型建築體，故排除其為宮殿的可能性。他進一步指出，該台基有意不避開對建築危害很大的淤泥性軟土地基，在楚國的建築中極為罕見，可能是因應特殊的禮制需求所致。

二號台基東緣發現一個灰坑 H1，打破台基，深1.8m，裏面出有大量豆、盤、鬲、壺等陶片，填土不分層，為一次性廢棄行為所致。發掘者推測這些陶器廢棄前可能為該禮制建築上長期擺放的祭祀用器皿。與紅光村圓土台一樣，紅土地二號台基憑現在掌握的材料尚不足以重構其具體的禮制功能。然而，二號台基宏大的體量和所發現的建築設計上諸多特異之處，筆者認為，推測其為楚都南郊一處重要的戰國禮制遺址應是可靠的。

以上對楚都東郊和南郊六處性質不同的戰國遺址細節的分析，展示了在新視角之下所見到的城郊空間構造的豐富性和其與中心都城紀南城之間多樣化的關係。古代的城郊並不僅僅只是軍事和禮制活動發生的場所，也不僅僅只有農田和農民，而是由諸多異質元素彼此鑲嵌在承載日常生活與生產的各類聚落之間所構成。每個城郊社區由於自身的區位特點和居民性質的不同，聚落的營造和獲得資源的能力也有很大差異。可見，城郊空間的內部也並非是鐵板一塊。同時，城郊聚落在總體上顯示出受到紀南城城市化進程影響的態勢，但這也不能否定每個聚落內部有着各自發展的微觀節奏，未必都可納入一個統一的興衰框架之內。比如張家台遺址可能在「拔郢」事件之前就因某種原因出現了人口流失，而高台古井群遺址的一部分在「拔郢」事件之後仍被繼續使用。這些問題都有待累積更多資料之後進一步闡明。

三、討論：城郊的行政管理

筆者搜集了紀南城周圍認定為戰國墓地者共計四十二處（見書前彩圖一中紅點），其分佈範圍廣大，時代與紀南城大略同時。雖然這些墓葬的墓主都曾生活在楚王王權的覆蓋之下，必定與楚都城有着程度不一的聯繫，但顯然不能因此認為其中的每一位墓主生前都住在楚都城內。此間應該頗有一批人口，來自圍繞楚都的各類衛星聚落（未必有城牆）。換言之，這批人口曾生活在以楚都城為中心的城郊之上。至於楚國重要的政治精英群體，比如嚴倉 M1 墓（西距楚都 8km）墓主楚大司馬悼愲，天星觀 M1 墓（西距楚都 30km）墓主邸陽君潘勝，以及包山 M2 墓（南距楚都 16km）墓主楚國左尹昭佗，或為公卿或為封君，有可能在紀南城外的遠郊領有自己的封地或封邑。雖然目前在考古上還難以確定這種封地或封邑性質的聚落構造，但根據戰國墓地分佈的情狀，大致可推測出此時的楚都應該擁有一片頗具縱深的遠郊，來容納其京畿腹地內盤根錯節的政治關係。

這裏有必要提及學者陳偉對楚國行政區劃的重要研究。陳偉通過包山楚簡中的法律文書提及的四十九處「邑」，在剖析了其出現的上下文情境後，精闢地指出「邑」應該是楚國地域政治系統中的基層單位，並且位於鄉野之地。[21] 也即是說，在楚的行政區劃裏，「邑」是一個位在中心城市之外而在城郊之上的基層聚落。我們上面論及的張家台遺址、高台古井

21 陳偉：《包山楚簡初探》，武漢：武漢大學出版社，1996 年，頁 68－77。同時可參看鄭威：《出土文獻與楚秦漢歷史地理研究》，北京：科學出版社，2017 年，頁 35－52。

群和荊南寺遺址，很可能就是當時楚都近郊上一個個「邑」的有機部分。新蔡楚簡進一步把城郊的「邑」分出大、中、小三等。而在這個「邑」級別的聚落之上，又有一級稱作「𡨦」的聚落，再往上又有更大的一級聚落稱作「敔」，應皆分佈在（大型）中心城市的城郊，形成了楚國城郊聚落行政的三級劃分。隨着紀南城外戰國時期聚落遺址發現數量的增多，未來若能嘗試將這些新材料結合楚國城郊「敔－𡨦－邑」三級行政概念作進一步的研析，相信對我們理解楚國城郊空間的微觀構造會有所裨益。

將紀南城的城郊空間作為一處獨立的單元進行研究，並嘗試從碎片化的考古遺存中重構城郊之上人群日常生活的剪影，應該說是一個富有價值的切入點。這個視角也讓我們注意到了城郊聚落遺址與楚簡中提到的地方行政單元之間可能的對應關係。

要之，在理解紀南城的城郊空間時，我們不能執念於早期文獻對「郊」這一概念作出的明顯局限在禮制性與軍事性面向的解釋。考古學的推進讓我們認識到，早期大型都城的城郊絕不是一個範圍固定、功能單一或活躍程度很低的場所，也並不僅僅只有農村、農田和農民而已。相反，它雖位於大型中心城邑之外，卻也同樣容納着眾多的社會階層——農民、手工業者、胥吏、公卿與封君等等——以及他們活潑而駁雜的居住、生活、生產、交通與儀式等日常性的活動。最重要的是，與本章開頭高行健筆下所描繪的、作為今日工業化後集中了絕大多數資源的城市的反面而存在的「城郊」不同，農業社會時代的精英們擁有的大量地產——以及與地產相關的人口與物資——分佈在廣闊的城郊之上（包括遠郊），而非全然聚集在中心城邑之內。如此，則當時的城郊究竟在社會觀念裏和經濟運作中扮演着何等的角色，似乎很難以一種簡單的邊緣附庸關係論加以定性。總之，楚都城郊空間的這些特質值得我們持續的關注和思考，這也能反過來促進我們對紀南城城內空間的理解。

第五章

超越「拔郢必然論」

本章將回應開頭，探討一個基本問題：本書的目的，是為了逆流而上，跨越「拔郢」去書寫楚都郢「未拔」之時的景觀與日常。然而，諷刺的是，楚都郢恰恰因為在波瀾壯闊的鄢郢之戰的背景下被「拔」，且又是戰國東方六雄中第一個國都被「拔」者，所以在戰國史的敘事中反而獲得了一種獨特性和顯著性。「郢」也由此與表達不容置疑結果的動詞「拔」捆綁在一起，產生了一股強烈的暗示：楚都郢無論之前如何，它終究難逃被「拔」、被征服的命運。後世學者討論郢都時，也無法繞開「拔郢」這個最終的結局。有趣的是，早期文獻中雖無楚都如何被「拔」的具體記載，卻有一段著名的説辭，分析了它被「拔」的原因。這段説辭羅列楚國各種痼弊，相當於宣判了「拔郢」是勢所必然。長久以來，正是這些氤氳瀰散的「拔郢必然論」的話語雲團，塑造了我們對楚都郢的基本認識，同時也限制了我們去感知郢都歷史氛圍的方式。

接下來，筆者將對這段説辭進行解讀，並希望指出：楚都郢因為「拔郢」這個結果，在歷史敘事中已經不是一個中立的物像；每當我們試圖接近這個物像時，往往會不由自主地被吸入既有的「拔郢必然論」的漩渦之中。放在這個脈絡裏，本書的貢獻在於通過研究真實歷史世界中的楚都紀南城遺址，掙脱頑固的「拔郢」話語的束縛，發現理解郢都的新視角，並由此提供關於「戰國」的新敘事。

這段著名的説辭出自《戰國策．中山策》。它講述了在鄢郢之戰過去二十年後（前 259 年），白起被問及當年何以能率領數萬之眾入楚、「以寡擊眾，取勝如神」一事。白起回答道：

> 是時楚王恃其國大，不恤其政，而群臣相妒以功，諂諛用事，良臣斥疏，百姓心離，城池不修，既無良臣，又無守備。故起所以得引兵深入，多倍城邑，發梁焚舟以專民，以掠於郊野，以足軍食。當此

> 之時，秦中士卒，以軍中為家，將帥為父母，不約而親，不謀而信，一心同功，死不旋踵。楚人自戰其地，咸顧其家，各有散心，莫有鬬志。是以能有功也。[1]

這段文字雖然簡短，卻是目前唯一傳世的關於「拔郢」實況（或偽裝成實況）的記載。白起是否真的説過，或是縱横家們化用白起口吻衍生的一段故事，以及所反映的情況有多少屬實等等，都是很值得懷疑的。然而，若先擱置對真實性的追究，這段話帶有立場這一點則十分明顯。通過白起之口批評楚國政治腐敗、用人失策、民心離散、守備鬆弛等等嚴重的問題，並對比秦國的國情，這段雄辯的説辭暗示了楚國之所以戰敗，實在是咎由自取、理所應得。這套説辭的核心在於，它將戰爭勝負與國家優劣相掛鉤，強調了楚國在軍事上的無能和背後治理上的昏庸，並突出了秦國在作戰表現上的優異與政治方面的組織紀律性。在這種邏輯前提之下，讀者最終可以自行得出

1 〔漢〕劉向輯錄：《戰國策》（下），2013 年，頁 1188。

「屢屢輸掉戰爭的楚國自然已經失去了政治存在上的合法性，理應被更先進的政權——秦——所吞併替代」的結論。

「拔郢必然論」話語的威力正在於，在沒有其他聲音被保存下來——或已被刪除殆盡——可供參照的情況下，久而久之，其所宣傳的因果關係只能被接受為事實。例如，在楚史專家張正明的《秦與楚》一書中，他雖對秦政多有批判，特別在秦昭襄王軟禁楚懷王勒索割地一事上，認為堪比「近代的法西斯」和「現代恐怖組織的黑老大」；但對郢都之所以淪陷，他認為以上白起的這段分析「大概都是實情」。[2]

這讓我們不禁好奇歷史學家關於楚國知識的來源問題。應該說，我們今日有關戰國楚史的知識體系，是建立在《史記．楚世家》文本的基礎上的。當然，新發現的楚簡和各種相關的金、石、陶、漆器銘文等材料對楚史都有增補作用；但僅憑它們的集合還無法超越〈楚世家〉提供的敘事框架。日本學者藤田勝久

2　張正明：《秦與楚》，武漢：華中師範大學出版社，2007 年，頁 174、184。

對《史記》戰國部分的史料進行系統性的研究之後，一針見血地指出，司馬遷〈楚世家〉中楚國的戰國時代的部分，基本上是利用了秦紀年中與楚國相關的材料，並揀選當時能看到的相類傳世的《戰國策》和帛書《戰國縱橫家書》那樣性質的戰國故事加以補充，從而融貫編輯而成。這裏的「秦紀年」，就是司馬遷在〈六國年表〉序言中提到的「秦記」，即秦國編訂的大事年表（的某個版本）。秦得天下後，因為諸侯史記對秦有所刺譏，故加以大規模的燔燒清除。到了西漢武帝朝，司馬遷手中掌握的戰國紀年的信息，基本只有這部「秦記」而已。其記載簡略，「不載日月，其文略不具」。這些材料和編纂方式之下形成的〈楚世家〉，其敘事上有一個特點，或說缺陷：「戰國時代部分幾乎都是北方各國與楚相關的記述，而除吳、越外，長江以南的信息卻很欠缺」。這是因為，秦的勢力進入到楚國長江以南，只能是在前 278 年「拔郢」之後；而此時距離秦亡，只有短短的幾十年，且這又是原楚國的邊地，累積傳世的有價值的情報，相比於秦在北方主戰場上收獲的信息，自然是相當欠缺的。不僅如此，藤田氏還認為司馬遷在寫作〈楚世家〉時很可能並沒有接觸到戰國時代楚國自身的一手紀年材料。他的一個有力證據是，楚國紀年，特別是在楚簡上的紀年，採用的是一個比較獨特的系統，即用上一年的大事，來表示下一年的年份，也稱「大事紀年法」。例如，在第一章提到的鄂君啟節中，紀年銘文的釋文為「大司馬昭陽敗晉師於襄陵之歲」。而在〈楚世家〉中則使用了楚王紀年，於是同一事件的紀年表述為：「（楚懷王）六年，楚使柱國昭陽將兵而攻魏，破之於襄陵，得八邑。」[3] 有學者指出，在楚國的出土文獻中，除去大事紀年法，也有使用楚王紀年的情況。比如曾侯乙墓出土的楚王熊章鎛上，就有「唯王五十又六祀」的銘文。同時，大事紀年法也不能算楚國的獨創，因為在西周早期的一些銅器銘文和齊國東周的銘文中都能找到例子。[4] 但即便如此，〈楚世家〉中的大事紀年法是完全缺席的，這一點不得不

---

3 藤田勝久對〈楚世家〉的分析見其《〈史記〉戰國史料研究》（曹峰、廣瀨薰雄譯），上海：上海古籍出版社，2008 年，頁 374－413。

4 黃尚明：〈大事紀年法並非始於楚人〉，《江漢考古》，2015 年第 6 期，頁 71－74。

說十分耐人尋味。

可以說，這種基於秦國紀年的編纂方式，決定了〈楚世家〉本質上是缺乏楚國內部視角的楚史敘事。這或許也解釋了，為什麼儘管沒有比戰敗遷都更能威脅君王統治合法性的危機，我們卻從未聽到過楚頃襄王或楚王室的貴族成員對「拔郢」事件的看法、評論或辯解：因為他們的聲音極可能已隨着諸侯史記的焚毀而消失了，或至少不再在我們所知道的文本傳播渠道中流傳。[5] 楚國高層內部在鄢郢之戰前後究竟經歷了什麼，至今仍是一個謎。以上種種導致信息匱乏的因素，愈發膨脹了「拔郢必然論」的話語，讓楚都郢在傳統的戰國敘事中蒙上了一層失道不義、命中註定的

5 《戰國策．楚四》中有王族之後莊辛與楚頃襄王的對話：「莊辛謂楚襄王曰：『君王左州侯，右夏侯，輦從鄢陵君與壽陵君，專淫逸侈靡，不顧國政，郢都必危矣。』襄王曰：『先生老悖乎？將以為楚國祆祥乎？』莊辛曰：『臣誠見其必然者也，非敢以為國祆祥也。君王卒幸四子者不衰，楚國必亡矣。臣請辟於趙，淹留以觀之。』莊辛去，之趙，留五月，秦果舉鄢、郢、巫、上蔡、陳之地，襄王流揜於城陽。」但這裏面細節有不少舛錯，下面還有一大段莊辛勸說頃襄王的雄辭。這更像是縱橫家事後借事設辭，而不能當作是毫無疑問的史實。見楊寬：《戰國史料編年輯證（下）》，上海：上海人民出版社，2017 年，頁 957－960。

陰影。

眼前這部關於紀南城的城市傳記，正是為了在「拔郢必然論」上尋找一個突破口。它希望在不受「拔郢」話語的影響下，就楚都曾是其所是來理解紀南城遺址。當然，本書在書寫方式上也存在不小的局限：我們似乎一直在瑣屑的物質細節中跋涉、翻找和推理。這種瑣屑性還不等於詳盡性，因為在我們感到興趣、需要詳述的地方，考古發現的精度常常不足以支持這種合理的訴求。我們近乎是在由轉角、狹徑、漏屋、窄巷和歧路組成的破碎不堪的空間中奔波，並且只被告知有限的時間知識。紀南城可識別的時間其實是塊狀的，一個多世紀的長度被切成幾個段落來盛裝遺跡、遺物及其背後的人群和事件。這些散落一地的遺存需要花費很大的精力才能提取出一點情節，且有時遠不如戰國文獻中軍事交鋒和宮廷政爭的故事來得精彩有趣。正如我們在第一章中承認的，作為碎片的考古數據，正如文獻的片段，本質上依賴綴合與闡釋，因此我們不能認定它在所有類型的證據中擁有最高的裁判權；但筆者圍繞考古材料進行的探索與重構，無疑發現了一些新的角度和關注點，在一定程度上超越了現有的有關楚都郢，甚至有關廣義戰國都城的敘事。

第一，筆者降低了「國君」這一角色在楚都生命史中的地位。傳統史觀一般默認一國君王應該是國都故事的主角，但這種期待並沒有在我們對紀南城的考察中得到滿足。相反，通過考古透鏡感知到的宮城區，其中楚王的存在感是一種集體的性質，即雖然我們能大略捕捉到楚王行動的消息，卻無法指明這是戰國時的哪位楚王，他在宮城區內又具體做了些什麼。宮城區保存的只是一個已經混同的幾代楚王的「群像」。非但如此，作為王權化身的一批宮殿台基甚至還意外地 —— 即不受楚王控制地 —— 被洪水沖毀過。這是迄今為止任何關於楚的文獻中沒有提到過的。我們還引入了複數的製作主體的概念，認為紀南城的製作過程是多股力量交織甚至衝突的動態結果，並且這個結果也依賴對城址規劃知識的長期積累。這實際上是質疑了都城究竟在多大程度上可以看作是國君化身的觀點。歸根結底，一座城市反映的是製作者和使用者群體在時間的展開中逐漸建立起的對自身與周邊世界的理解。這種「君歸於君，城歸於城」處理方式的另一好處是，我們可以將國君一時決策的失敗與都城人口持續的生活史分開對待，大可不必以前者倉促地否定後者的意義。

第二，筆者把楚都郢「還給了人民」。通過對楚都內普通人日常生活的「尋找」，我們發現了諸多在已有的戰國歷史話語中無法歸類或賦予意義的瑣碎與偶然。桓譚提到的楚都郢之內的「車轂擊，人肩摩」，或許摻雜着當時人們對戰國大都市的一種浪漫想像，一如當下的我們想像唐的長安和宋的汴京。這倒不是全盤否定這種想像的歷史性或者楚都內的人口規模，雖然後者目前也很難準確估算。根據這些民眾留下的雜亂的遺跡，筆者理解到在紀南城內的大多數時刻，人潮的洶湧與摩肩接踵，可能並不像今日市民社會節慶時的那種人山人海；而是一種在各自的作坊、農田、水井、碼頭、城門等等卑微之處疲於奔命，偶然地於楚都某條共用道路上的擦肩而過。然而，這也不意味着民眾與精英在紀南城內就被分別隔絕一方。相反，從「民眾的紀南城」的角度反觀統治精英，我們可以提出一些更貼合真實歷史場景的問題：龍橋河上的地點 I、II、III、IV 距離楚王宮城區僅 500m；雖然宮城區有城牆隔擋，但天氣晴朗時，當時的民眾應該能在龍橋河邊看到進出宮城的楚國精英。其所見場景，可能類似於荊門嚴倉一號墓內棺上的漆畫所表現的內容（圖十二）：台榭樓閣中宴饗、樂舞的貴族，駕馭高車六馬的統治人物（在圖十二左下方，可能為楚王），以及各種着裝體面、歡樂遊蕩的身份階層。將宮城設在都城中央，一定程度上正是為了讓民眾看見。劉邦曾在咸陽、項羽曾於吳中見過秦始皇巡遊的車隊，中間的道理是相通的：統治精英通過選擇性公開自己的一部分身影給民眾，從而將自己的形象鑲嵌進入民眾生活的空間與意識，以此確定彼此的存在和地位。紀南城內外還有哪些空間可供民眾與精英進行微妙的視線交換，是一個未來值得展開的話題。

第三，筆者將楚都郢的「可見」範圍由局限在城中拓展到了城郊。過去在古代城市研究中，「城郊」常因觀念和關注的限制而被視而不見，或簡單概括為一個活躍程度不高的物理空間。本書深入造訪這一空間，不僅是為了能夠更加完整地想像像紀南城這樣的超級大都市的空間構造，也是為了可以對比紀南城城

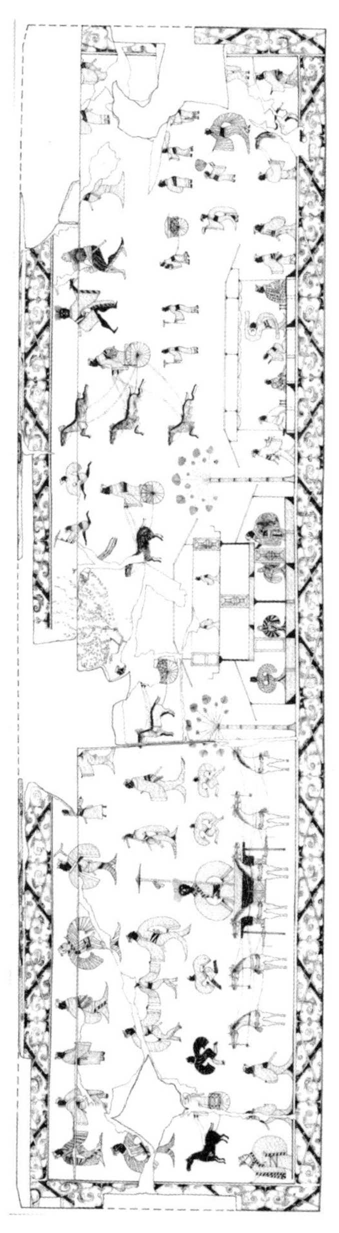

圖十二：湖北荊門嚴倉一號墓的內棺一側牆板上彩繪漆畫的線圖
（湖北省博物館供圖）

內與城郊生活的差異，從而讓我們更加接近歷史中楚都的真實狀態。不了解哪些人住在城郊，自然也就無法真正理解城內的居民。與當前工業化時代的城郊形態不同，兩千多年前分佈在楚都城郊的資源——例如禮制設施——並不比城內的重要性低。這本身就是對歷來關於郢都的歷史敘事僅僅集中在城市部分的一種挑戰和消解。

第四，筆者對秦軍「拔郢」的暴力在紀南城內究竟如何展開保持了審慎的態度。一些學者認為秦兵的到來「徹底摧毀了楚郢都」。[6] 我們的確在北垣西門和宮城區內的台基 S30 上發現明顯的焚毀行為，並歸因於秦人的破壞；也有一些跡象表明紀南城內的民眾可能為避秦人鐵蹄而逃亡。但若「徹底摧毀」的意思是指屠城或大火焚燒城址若干天一類，則就目前調查過的遺存而言，並沒有證據指向這種程度的極端暴力。紀南城龐大如許，秦軍即便主觀上打算隳城，能力上

6 劉彬徽：〈紀南城考古的簡要回顧與思考〉，《湖南省博物館館刊》，第 12 輯，2016 年，頁 161。更早一些，郭德維也認為秦軍對楚都「進行了徹底的摧毀」。見其《楚都紀南城復原研究》，1999 年，頁 18。

能否做到徹底，也是頗值得懷疑的。我們要注意，《史記》只說「拔郢」，而沒有進一步詳述秦軍如何地「拔」（這對後世的歷史學家來說當然也是一種遺憾）。正如《史記》等早期文獻中並無秦阿房宮被焚毀的記載，但由於唐代杜牧〈阿房宮賦〉中「楚人一炬，可憐焦土」一句實在太過符合人們的歷史想像——對秦政酷烈的積怨和對楚向秦復仇的代入式快感——遂導致項羽焚燒阿房宮成為一個集體默許的「史實」。2000 年初阿房宮遺址的大規模勘探、試掘和發掘，揭示出其前殿只有夯土基址而已，甚至尚未竣工，更沒有發現任何火燒的痕跡。[7]

收束全書，筆者認為，楚都紀南城遺址的已發掘部分提供了一個引人新敘事的契機。它的物質信息讓我們看到了一個不一樣的楚都：這個「新楚都」的形象屏蔽了傳統戰國敘事中政治攻訐和「唯實力論」的喧囂，將我們的想像從「楚王」、「秦軍」、「精英」和「城內」等習以為常的思維定勢中解放了出來。楚

---

7 劉慶柱：〈秦阿房宮遺址的考古發現與研究——兼談歷史資料的科學性與真實性〉，《徐州師範大學（哲學社會科學版）》，2008 年第 2 期，頁 63－65。

都被重新放生回到真實的時間河流之中，擁有了「日常」，不再是歷史故事中一件等待既定命運降臨的敘事道具。雖然大遺址發掘本身存在精度和發掘面積有限等等問題，但當考古發現的細節被按照其自身之所是重組與闡釋時，它們可以形成新的視角、新的推論和新的假設，幫助我們超越像「拔郢必然論」這樣的傳統歷史話語的羈絆，緩慢卻有力地撼動我們對已有戰國歷史的認知。

附　錄
紀南城內已發表的 ^{14}C 測年數據

歷年來已發表的紀南城內 ^{14}C 測年樣本的數據，分為兩個來源：

第一個來源是最新的三個測年數據，發表在《中國文物報（考古專刊）》2023 年 11 月 24 日第八版〈楚紀南故城考古發現戰國早期城垣遺跡〉一文中。但這三個數據只是報紙報道，並未提供原始數據，現匯總如下，未來應該還會有更為詳盡的專門報告發佈：

取樣地點	測定物質	測年結果
紀南城東城垣及外護坡下灰坑 H2	碳化稻米	356BCE - 276BCE
紀南城東城垣一期城牆的水溝 G6 底部	碳化櫟屬果殼	380BCE - 344BCE
紀南城東城垣一、二期城牆交界處灰坑 H5	出土水稻、小麥顆粒	349BCE - 303BCE

第二個來源是 1970 年代送往中國科學院／社會科學院考古研究所 ^{14}C 實驗室（即下表中「實驗室編

號」為「ZK」開頭者）和北京大學歷史系考古專業 ^{14}C 實驗室（即下表中「實驗室編號」為「BK」開頭者）的一批紀南城遺址的樣本。它們的測年結果分散在一系列專題報告之中。對當時九個 ^{14}C 測年數據，[1] 我們利用英國牛津大學團隊開發的 OxCal v4.4 程序（https://c14.arch.ox.ac.uk/index.html）進行了校正，結果匯總展示如下表和下圖：

1 編號 ZK-243-1 的測年數據，見中國科學院考古研究所實驗室：〈放射性碳素測定年代報告（三）〉，《考古》1974 年第 5 期，頁 333－338；編號 ZK-243-2 的測年數據，見中國科學院考古研究所實驗室：〈放射性碳素測定年代報告（七）〉，《考古》1980 年第 4 期，頁 372－377；編號 ZK-399、ZK-400、ZK-401 的測年數據，見中國社會科學院考古研究所實驗室：〈放射性碳素測定年代報告（五）〉，《考古》1978 年第 4 期，頁 243、280－287；編號 BK 76043、BK 76058、BK 76060 的測年數據，見北京大學歷史系考古專業碳十四實驗室：〈碳十四年代測定報告（續一）〉，《文物》1978 年第 5 期，頁 76；編號 BK 79056 的測年數據，見中國社會科學院考古研究所：《中國考古學中碳十四年代數據集（1965－1981）》，北京：文物出版社，1983 年，頁 94。

實驗室編號	取樣年份	取樣地點	測定物質	^{14}C 年代數據（5730）	OxCal校正後（68.3%）	OxCal校正後（95.4%）
ZK-243-1（此標本有誤）	1974.4	紀南城城垣下	出土木構建築的木頭	1870BP±85/AD80±85	62CE - 311CE	43BCE - 365CE
ZK-243-2	1973.4	紀南城城垣下	出土木構建築的木頭	2430BP±75/480BC±75	748BCE - 406BCE	770BCE - 397BCE
ZK-399	1976.1	紀南城龍橋河第一段 169 號井	井圈木	2455BP±80/505BC±80	751BCE - 420BCE	777BCE - 402BCE
ZK-400	1976.1	紀南城龍橋河第一段 93 號井	井圈木	2365BP±80/415BC±80	744BCE - 370BCE	766BCE - 209BCE
ZK-401	1976.1	紀南城龍橋河第一段 79 號井	井圈底部木	2550BP±80/600BC±80	805BCE - 545BCE	823BCE - 416BCE
BK 76043	1975.6	紀南城陳家台子高台上	碳化米	2410BP±100/460BC±100	750BCE - 397BCE	794BCE - 231BCE
BK 76058	1976.1	紀南城龍橋河第一段 167 號井	井圈木	2550BP±85/600BC±85	805BCE - 545BCE	831BCE - 411BCE
BK 76060	1976.1	紀南城龍橋河第一段 79 號井	井底部承托木	2660BP±90/710BC±90	971BCE - 761BCE	1048BCE - 541BCE
BK 79056	?	紀南城龍橋河第一段 89 號井	井圈木	2540BP±100/590BC±100	804BCE - 541BCE	895BCE - 402BCE

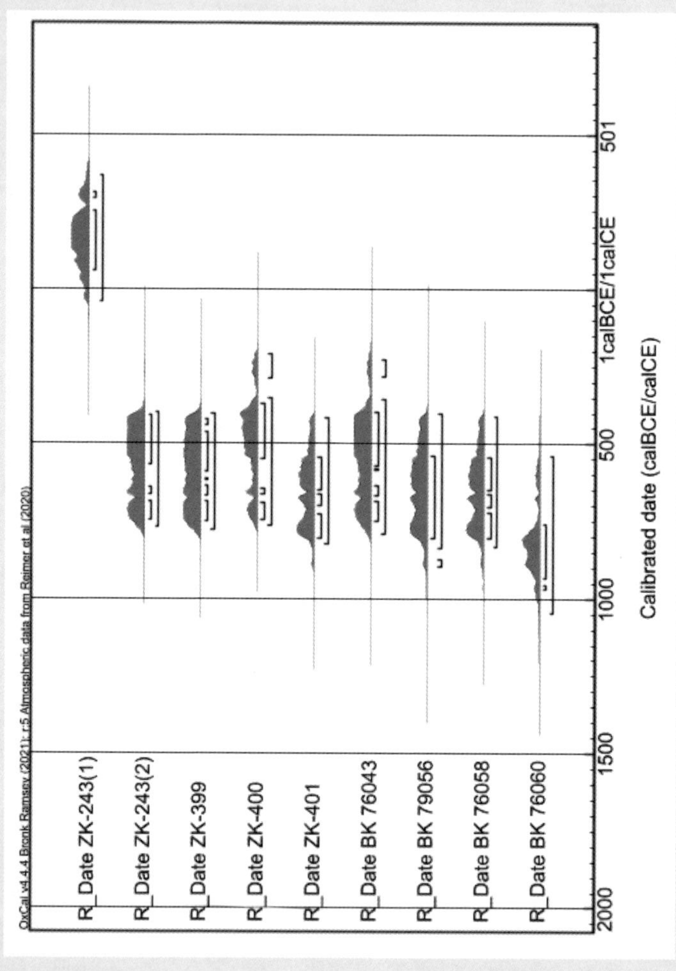
OxCal v4.4.4 Bronk Ramsey (2021); r:5 Atmospheric data from Reimer et al (2020)
R_Date ZK-243(1)
R_Date ZK-243(2)
R_Date ZK-399
R_Date ZK-400
R_Date ZK-401
R_Date BK 76043
R_Date BK 79056
R_Date BK 76058
R_Date BK 76060
2000
1500
1000
500
1calBCE/1calCE
501
Calibrated date (calBCE/calCE)

香港城市大學中文及歷史學系
創系十週年叢書
01

郢之未拔

發掘一座長江巨都的生死日常

沈德瑋 著

叢書總編　程美寶　陳學然

責任編輯　張佩兒
裝幀設計　簡雋盈　陳佩珍
排　　版　陳美連
印　　務　劉漢舉

出版
中華書局（香港）有限公司
香港北角英皇道 499 號北角工業大廈 1 樓 B
電話：（852）2137 2338
傳真：（852）2713 8202
電子郵件：info@chunghwabook.com.hk
網址：http://www.chunghwabook.com.hk

發行
香港聯合書刊物流有限公司
香港新界荃灣德士古道 200 - 248 號
荃灣工業中心 16 樓
電話：（852）2150 2100
傳真：（852）2407 3062
電子郵件： info@suplogistics.com.hk

印刷
美雅印刷製本有限公司
九龍觀塘榮業街 6 號海濱工業大廈 4 樓 A

版次
2024 年 12 月初版

規格
32 開（190mm × 130mm）

ISBN
978-988-8912-06-3